KB119298

키워드 동남아

일러두기

1. 동남아시아 인명·지명 등의 고유명사 표기는 국립국어원의 외래어표기법을 따르되 중국 지명은 현지음에 가깝게 표기했다.

2. 소승불교라는 말을 사용하면 대승불교에 비해 격이 낮은 것으로 오해할 소지가 있어 학계에서 통용되는 용어인 상좌부 불교로 표기했다.

30개의 주제로 읽는
동남아시아의 역사, 문화, 정치

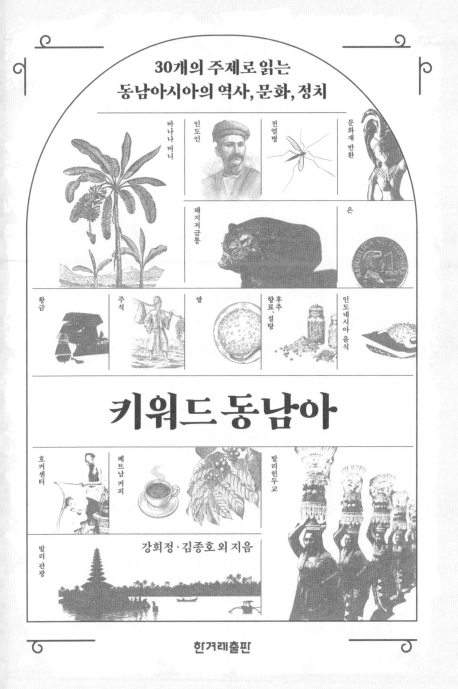

바나나 머니
인도인
전염병
문화재 반환

돼지저금통
은

황금
주석
쌀
후추
향료, 설탕
인도네시아 음식

키워드 동남아

호커센터
베트남 커피
발리 힌두교

발리 관광

강희정·김종호 외 지음

한겨레출판

각양각색의 동남아를 여는 열쇠 30

지독한 날들이었다. 누구도 상상하지 못했던 세상으로 변했다. 인간의 오만을 꾸짖는 자연의 반격이라고 하지만 코로나19의 충격은 실로 혹독했다. 익숙했고, 그러려니 하면서 당연히 여겼던 많은 것을 멈춰 세웠다. 우주여행의 꿈을 키우다 갑자기 비행기도 못 타는 세상으로 돌변했다. 이 책은 팬데믹의 혼돈에서 잔뜩 움츠러든 우리네 감성과 지성에 작으나마 활력소가 되기를 희망하며 기획되었다. 지리적으로 우리와 가까워 자주 드나들고 접했지만, 그 속내로 한 걸음 더 들어가기는 쉽지 않았던 동남아시아의 각양각색, 만인만색을 담아보려 한 것이다.

코로나 전까지만 해도 우리나라 사람들이 가장 많이 가는 관광지 중 하나가 동남아였다. 최근 조사에서도 코로나 이후 가고 싶은 5대 여행지 가운데 베트남, 타이(태국), 싱가포르가 꼽혔다. 동남아 행로가 활짝 열리기를 바라는 마음은 우리 필자들의 바람만은 아닐 것이다. 비단 관광지라는 것 말고도 한국에 있어 동남아의 중요성은 점차 높아가고 있다. 많은 기업이 진출하고 교역 규모가 커지면서 경제적 협력이 긴밀해지고 국제관계의 비중도 이전과는 달리 높아졌다. 한국과 동남아 여러 국가의 문화적 교류 역시 여러 분야에서 다층적으로 진행 중이다.

우리는 동남아에 관해 무슨 이야기를 할 수 있을까? 타이 방콕의 지하철에는 우리나라 경로우대석이나 임산부 보호석처럼 승려들에게 자리를 양보하라고 권하는 그림이 붙어 있다. 불교 국가로, 승려를 우대하는 사회 환경이 생활에 깊이 뿌리내렸기에 가능한 일이다. 그렇다면 불교가 타이의 국교일까? 뜻밖에도 그렇지는 않다. 타이는 정교분리 원칙에 따라 불교를 국교로 규정하고 있지 않다. 국민의 90%가 불교 신자일 뿐이다. 이처럼 사회 문화와 풍습이 형성된 과정이나 현지인에게 중요한 의미가 있는 사상, 물품, 역사적 맥락을 알지 못하면 현지에서 소소하게 부딪히는 현상의 이면을 이해하기 어렵다.

동남아의 자연과 문화를 즐기고 협력을 강화해야 한다는 데 동의하면서도 막상 현지의 물정에 어두운 이들이 적지 않은 게 우리네 현실이다. 때로는 홍콩이나 대만, 혹은 스리랑카를 모두 동남아라고 말하는 사람도 더러 있다. 남쪽에 있는 더운 나라를 모두 동남아라고 여기기 쉽다. 하지만 홍콩과 대만은 동남아와 역사적 궤적이 전혀 다르다. 스리랑카는 인도와 다른 문화와 전통을 지녔지만 인도와 함께 남아시아로 분류된다. 더운 지역이라고 해서 함께 묶을 수는 없다는 말이다. 물론 동남아 11개국이 같은 말을 쓴다거나 같은 문화적 전통과 풍습을 공유하는 것도 아니다. 동남아시아를 구성하는 대륙부와 도서부의 사정이 다르고, 바다를 터전으로 사는 사람들과 고지대에 거주하는 사람들의 역사와 풍습도 판이하다. 종족마다, 지역마다 다른 전통을 지키고 살아온 만큼 '동남아 사람들'이라고 쉽사리 동질화할 수도 없고, 그렇게 일반화해서도 안 된다. 그럼에도 불구하고 동남아에는 동남아라고 부를 수 있는 어떤 특징들이 있다. 다만 단일하지 않을 뿐이다.

동남아시아라는 지역적 구분은 사실상 1943년에 처음 만들어졌다. 어떤 의미에서는 그때까지 한 묶음의 지역으로서의 '동남아시아'는 없었던 셈이다. '극동'으로 알려진 동북아시아, 인도·스리랑카를 가리키는 남아시아, 19세기 말 열강의 탐험대가 대거 몰려갔던 중앙아시아에 비하면 동남아시아는 아주 늦게 이름이 붙여졌다. 이전에는 인도와 중국 사이에 있다는 뜻에서 대륙부 동남아시아를 인도차이나라고 부르기도 했다. 제국주의 시대에는 식민 본국에 따라 네덜란드령 동인도(오늘날 인도네시아), 영국령 말라야(말레이시아), 프랑스령 인도차이나(베트남, 캄보디아, 라오스)로 구분됐다. 동남아시아라는 지역적 구분은 역사적으로 구축되고 발전되어온 셈이다. 흥미롭게도 미국이 대동아전쟁에서 일본군에 대항하기 위해 연합군 사령부를 스리랑카에 설치하고, 이를 동남아시아 사령부(Southeast Asia

Command)라고 부르면서 '동남아시아'라는 지역 명칭이 일반화됐다는 점은 기억할 만하다. 스리랑카에 세운 사령부 명칭이 동남아시아라는 것은 스리랑카의 동쪽, 일본의 서쪽을 전부 동남아라는 지리적 범주로 상정했음을 뜻한다.

동남아시아에는 모두 11개국이 있다. 이 가운데 동티모르를 제외한 10개국이 동남아시아국가연합, 즉 아세안(ASEAN)을 결성해 지역의 정체성을 공유하며 협력하고 있다. 싱가포르를 빼면 대부분 넓은 영토에 민족 구성도 복잡하며, 언어와 문자, 종교와 문화도 다양하다. 그런 만큼 동남아를 하나의 공동체로, 혹은 일반적인 특징을 공유한 단일한 세계로 여기는 것은 그냥 상상일 뿐이다. 지리적으로도, 경제나 정치적으로도, 종교적으로도 너무나 다양해서 동남아의 탐색로는 흡사 심하게 엉킨 실타래처럼 보인다. 그에 관해 신박한 내비게이션을 설계하기도 결코 쉽지 않다. 이 책은 동남아로 한 걸음 더 들어갈 수 있는 30개의 '열쇠'를 제시하려고 한다. 각각의 열쇠는 저마다 다른 문으로 들어가 각기 다른 관점에서 동남아를 들여다볼 수 있게 해줄 것이다. 각기 정치학, 역사학, 인류학, 미술사를 전공한 동남아 연구자들이 저마다 다른 방식으로 찾아낸 동남아를 좀 더 쉬운 방식으로 독자들에게 풀어내는 작업인 셈이다.

30개의 키워드는 크게 역사-문화-정치라는 세 개의 작은 보따리로 묶여 있다. 먼저 동남아 역사상의 중요한 사건들을 살피고, 나라와 종족마다 무엇이 닮았고 어디가 다른지 각자의 문화적 특성을 드러낸다. 종교와 음식 등에서 문화를 끄집어내고, 다채로운 음악과 영화를 통해 저마다의 사회상도 엿본다. 이어 민주주의를 향한 태국의 사회운동과 정치지형도 훑어보고, 동남아 외교의 특수성을 탐색하기 위한 약도도 제시한다. 주제별로, 키워드별로 동남아의 다양한 모습을 보여주는 구성이라는 점에서 혹여 산만하게 여겨질까 두렵기는 하지만, 복잡다단한 동남아로 한 걸음 더 들어갈 수 있는 담백한 길잡이가 될 수 있기를 바랄 뿐이다. 비록 개별 주제들도 제각각이고 분량도 길지 않지만, 필자들은 해당 지역과 분야를 천착한 연구자로서의 전문성을 최대한 담아내고자 노력했다.

하나의 주제를 긴 호흡으로 읽어야 하는 부담이 없기 때문에 관심이 가는 키워드부터 뽑아서 한 꼭지씩 읽을 수 있다는 것도 장점이다. 이와 같은 방식으로 책을 쓰게 된 이유는 원래 이 글들이 2020년 10월부터 2022년 2월까지 〈한겨레〉에 '랜선 동남아'라는 제목으로 연재된 글에 바탕을 두고 수정, 보완, 재편집한 것이기 때문이다. 개별 주제들은 짧지만 그렇다고 해서 깊이가 없는 것은 아니다. 분량은 짧아도 묵직한 생각거리를 주는 것이 이 책의 장점이고, 필자들의 내공을 잘 드러낸 방식이라 할 수 있다. 하나의 주제를 깊이 있게 천착한 책도 좋겠지만 바쁜 현대인들에게는 소주제를 통해 간명하게 동남아를 들여다볼 수 있는 방식도 나쁘지 않다고 생각한다. 판단은 독자들의 몫이지만 말이다.

이 책의 출간을 위해 애써주신 필자 선생님들, 특히 전반적인 진행을 위해 번거로운 일을 도맡아준 김종호 교수께 감사를 전한다. 또 처음부터 동남아 책의 필요성과 이 글들의 가치를 알아주시고 출간을 제의해주신 한겨레출판사 여러분이 아니었으면 이 책이 빛을 보지 못했을 것이다. 아울러 많은 분에게서 도움과 응원을 받았다. 무엇보다도 필자들이 번갈아 쓰는 연재물을 게재한 적이 없었음에도 불구하고 위험을 감수하고 처음 연재를 허락해준 〈한겨레〉 김종철 선임기자께 깊은 감사를 전한다. 앞으로도 다양한 방식으로 깊이 있으면서 흥미롭고, 동남아에 대한 중요한 정보를 제공하는 글을 쓰는 것이 성원에 보답하는 길이라 생각한다.

같이 가는 아시아의 일원으로서 언어를 모르고, 말이 안 통한다고 해서 그냥 멀리하기에는 동남아는 너무 가깝다. 우리가 미처 인식하지 못하는 새, 이미 동남아는 우리 일상에 깊이 스며들어 있다. 다양한 이유로 우리 곁에 이미 성큼 다가서 있는 동남아와 동남아 사람들이 우리의 동반자로 함께 가는 길에 이 책이 길잡이가 되길 바란다.

노고산 자락에서
필자들을 대신하여 강희정

차례

서문 각양각색의 동남아를 여는 열쇠 30 4

I 장

역사: 지워지지 않는 제국의 유산

1. 바나나 머니 17
3년의 일본 점령이 동남아시아에 남긴 유산 김종호

2. 인도인 28
제국의 이방인 착취자들 김종호

3. 전염병 40
제국과 방역, 싱가포르의 중국계 이주민들 김종호

4. 문화재 반환 52
동남아 문화재를 탐한 그 남자의 두 얼굴 강희정

5. 돼지저금통 64
자바에서 발견된 세계에서 가장 오래된 돼지저금통의 의미 김종호

6. 은 75
100원 동전이 둥근 이유는? 김종호

7. 황금 87
신드바드가 동쪽으로 간 이유는? 강희정

8. 주석 97
광산 따라 이주한 정화의 후예들 강희정

2장
문화: 섞임과 스밈이 빚은 아름다움

9. 쌀   113
세상에서 가장 비싼 쌀 '향미'를 아시나요? 강희정

10. 후추, 향료, 설탕   122
달콤하게 혹은 알싸하게, 맛의 신세계를 열다 강희정

11. 인도네시아 음식   134
익숙한 맛, 이국적인 향기 정정훈

12. 호커센터   147
싱가포르의 맛집 천국 김종호

13. 베트남 커피   158
전통과 현대가 공존하는 향 이한우

14. 발리 관광   169
'발리 하이'는 당신을 불러요. 밤이나 낮이나 정정훈

15. 발리힌두교   181
'낙원의 섬'에 사는 신들 정정훈

16. 종교   192
신'들'이 모이는 땅, 동남아시아 김종호

I7. 페라나칸 혼례　　　　　　　　　　　204
베텔에서 시작해 붉은 화촉으로 끝나는 혼례 강희정

I8. 전통의상　　　　　　　　　　　　　215
동남아의 전통의상과 문화 자본 강희정

I9. 베트남 대중음악　　　　　　　　　　225
'베트남의 밥 딜런' 찐꽁선, 그의 노래가 분단을 넘다 이한우

20. 베트남 영화　　　　　　　　　　　235
'도이머이'가 일으킨 바람 이한우

21. 인형극　　　　　　　　　　　　　245
동남아의 호모 루덴스 강희정

3장
정치: 약육강식의 세계를 살아가는 기술

22. 밀레니얼 연대　　　　　　　　　　261
미얀마-타이 '쌍둥이 독재자'에 맞서는 청년들 현시내

23. 타이 왕실　　　　　　　　　　　273
입헌민주주의 뒤튼 타이 군부와 왕실의 제휴 현시내

24. 타이식 민주주의   283
왕이 '민주주의 영웅' 되자, 국민 머리는 땅바닥에 닿았다 현시내

25. 왕립개발프로젝트   293
타이 왕실, '헬리콥터맘' 덕에 무소불위 됐다 현시내

26. 강소국   304
싱가포르의 마이웨이 외교 배기현

27. Bebas dan Aktif   314
다이내믹 인도네시아 외교 배기현

28. 다자외교   322
ASEAN의 외교양식과 교훈 배기현

I장

역사:
지워지지 않는 제국의 유산

바나나 머니

3년의 일본 점령이
동남아시아에 남긴 유산

동남아시아는 과일의 천국이다. 값이 싸고 양도 풍부한 데다가 파인애플, 코코넛, 용과, 리치, 망고, 망고스틴, 구아바, 두리안, 바나나 등 종류도 다양해, 과일을 마음껏 먹을 수 있어서 동남아시아 여행을 기대하는 이들도 의외로 많다. 동남아시아의 다양하고 풍부한 과일은 열대기후 특유의 환경이 가져다준 이 지역의 풍요로움을 한눈에 보여준다. 그러나 풍요가 때론 비극이 되기도 한다. 동남아시아를 상징하는 과일, 바나나가 새겨진 '바나나 머니'가 대표적이다.

유럽 수요에 따른
강제적 농업

유럽인들이 동남아시아에 진출했을 때 놀란 것은 끝없이 펼쳐

자바섬 반튼시 교외에 거주하는 두 농부의 모습을 담은 1596년 그림. 그림 속 농부들은 각각 바나나와 대추야자를 들고 있다. 바나나는 동남아시아가 원산으로 과거부터 꾸준히 식량과 물물교환의 수단으로 활용되어왔다. 암스테르담 국립 박물관 소장.

진 정글과 수를 헤아릴 수 없을 정도로 많은 섬, 그 속에서 자연과 더불어 지켜지고 있는 희한한 관습들(예를 들어, 보르네오섬의 다약족들이 적대적인 외부인들을 죽인 뒤 그 해골을 주렁주렁 달고 다니는 것과 같은 헤드헌팅 전통), 그리고 오랑우탄과 같은 세계 그 어느 지역에서도 발견할 수 없는 다양한 동식물의 존재였다. 무엇보다 깊은 인상을 받은 것은 고온다습한 기후로 인해 1년 2모작, 3모작이 가능할 정도로 작물 재배에 유리한 환경을 가지고 있다는 점이었다. 이를 인식한 서구의 제국주의자들은 동남아시아에 세계의 다양한 식물들을 가져다 심기도 했는데, 17세기 말 네덜란드 동인도회사가 서아시아에서 인도를 거쳐 자바섬에 심은 커피, 19세기 말 영국이 각각 브라질과 아프리카에서 가져와 말레이반도에 심은 고무와 팜오일이 대표적인 성공 사례였다.

특히 고무와 팜오일은 산업혁명으로 1차 생산품의 대량공급이 필요해진 유럽의 근대 제국에 절실한 자원이었고, 그 외에 주석과 같은 지하자원이나 쌀, 아편, 설탕과 같은 작물 역시 마찬가지였다. 이때부터 유럽의 동남아시아 식민정책은 더 착취적으로, 더 약탈적으로 급변한다. 유럽 제국들 사이의 땅따먹기 및 부국강병 경쟁이 심해질수록 동남아시아에서의 자원 착취 역시 정교해지고 악랄해져갔다. 1950년 기준 전 세계 쌀과 주석의 50%, 고무의 75%, 팜오일의 25%, 코코넛 오일의 75%가 동남아시아에서 생산되었다. 특히 고무와 팜오일의 경우 21세기인 지금도 전 세계 생산량 1위, 2위가 인도네시아와 말레이시아다. 먹고 살기 위한 작물 재배가 아닌, 유럽인들의 수요에 따른 강제적 작물 재배는 현지인들의 삶을 피폐하게 만들었다. 심지어 유럽인들은 현지인들로부터 국제 시장가격에 한참 못 미치는 터무니없는 가격에 작물을 사들임으로써 현지인들을 이중으로 착취했다. 천혜의 환경이 불러온 비극이었다. 1942년 서구 제국들이 일본에 패해 동남아시아에서 물러간 이후에도 비극은 계속되는데, '제국' 일본 역시 서구 못지않았기 때문이다. 1945년 8월 일본의 항복까지 대략 3년 반의 짧은 기간이었지만, 이 점령이 동남아시아 현대사에 끼친 영향은 작지 않다.

일본군이 만든
'바나나 머니'

1895년 청일전쟁의 결과로 맺은 시모노세키 조약으로 타이완을 할양받은 이래 일본은 한반도와 만주를 거쳐 1937년 중일전쟁을 계기로 중국 중부, 동남 지역의 일부까지 점령하게 된다. 중국 전역을 휩쓰는 듯 보였던 일본군은 수도를 아예 충칭(重慶)으로 옮겨버린 장제스 국민정부의 회피 전략에 서서히 고전하기 시작한다. 또한 계속되는 전쟁으로 전비조달이 감당하기 어려운 지경에 처하게 되었고, 일본 만주국뿐 아니라 본국까지도 생산량의 한계에 다다르기에 이른다. 이러한 상황에서 독일의 군사행동으로 촉발된 2차 세계대전은 일본에게 또 다른 기회였고, 그 기회를 틈타 1941년 12월 진주만 공습과 군사적 남진을 통해 1942년 초, 홍콩과 동남아시아 점령을 마쳤다.

　일본은 동남아시아 통치의 편의성을 위해 동남아시아 식민지 권역을 재분할하고, 군정(軍政)을 싱가포르에 두어 관리했다. 크게 '갑(甲)'과 '을(乙)'이라고 명명한 두 권역으로 분할했는데, 프랑스령 인도차이나(베트남, 라오스, 캄보디아)는 '을', 영국령 말라야, 해협식민지(싱가포르, 페낭, 믈라카), 네덜란드령 인도네시아, 필리핀 등의 해양지역은 '갑'에 해당했다. '을' 지역은 프랑스가 일본의 동맹인 독일에 의해 점령된 상태였기 때문에 기존 식민지 통치 시스템을 유지하는 간접통치 방식을 적용했고, '갑' 지역의 경우 적국인 연합군의 식민지였기 때문에 싱가포르를 중심으로 직접통치 방식을 적용해 그 지배 방식을 구분했다. 영국에 의해 건설되어 개항한 동남아시아 금융 및 물류 허브 도시, 싱가포르는 그 명칭마저 일본식으로 쇼난토(昭南島)라고 바꿔 불렀다.

'대동아공영권'이라 불리던 이 광범한 권역 내에서 동남아시아의 역할은 분명했다. 바로 핵심지역이자 주요 격전지였던 중국 전역과 태평양 전선에 원자재와 인력, 자본을 공급하는 역할이었다. 당시 1억 5,000만 명으로 추정되는 노동력에 더해 고무, 주석, 철, 석유, 쌀 등의 각종 생산품이 풍부한 이 지역이 광범위하게 형성된 전선을 유지하기 위한 보급기지로 유용하다고 판단했던 것이다. 그러나 일본에게는 동남아시아 지역으로부터 공급받을 자원에 대해 지불할 자금이 없었다. 당시 중국 내에서 무분별하게 발행되던 군표(점령지에서 점령군이 발행하는 임시 화폐)와 식민지 화폐로 인해 촉발된 인플레이션은 심각할 정도였고, 일본 본국 역시도 비용이든 물자든 제대로 지원해줄 여력이 없었기 때문에 동남아시아 내의 일본군과 행정관료들은 '자급자족'을 최우선 목표로 알아서 생존해야만 했다.

이러한 인식은 당시 도조내각 아래 대장상(재무장관)을 지낸 가야 오키노리의 선언에서 잘 드러난다. 1941년 11월 동남아시아를 침공하기 직전 그는 한 연설에서 동남아시아의 일본군은 "반드시 남방(동남아)에서 자급자족 정책을 채택해야 한다. 명령을 수행하기 위해 본국으로부터 보급을 최소한으로 받으면서 현재의 노동력을 계속 활용해야 한다. 화폐 가치 하락의 시기와 앞으로 계속될 경제적 고립을 무시하면서 (이 정책을) 밀고 나가야" 한다고 강조했다. 즉, 동남아시아의 풍부한 물산을 공급받는 대가로 지불할 자금을 스스로 마련해야 했던 것이다. 그에 따라 동남아시아의 일본군이 선택한 방법은 영국 식민정부를 모방한 아편 판매를 통한 예산의 확보, 화교들로부터의 자금 동원, 그리고 '돈이 없다면 만드는 것'이었다.

초기 군표를 동남아시아에 풀던 일본군은 이 군표의 신용도가 급격히 하락하자 본격적으로 동남아시아 내에서만 통용되는 화폐를 발행하기 위해 1942년 3월 30일 싱가포르에 '남방개발금고(南方開發金庫)'를 설립했다. 아울러 이 기관에서 발행되는 화폐인 '남발권(南發券)'을 기존에 유통되던 군표를 대체하는 유일 화폐로 채택했다. 이는 자급자족해야 할 동남아시아 지역을 금융적으로 통괄하는 중앙은행을 설립하기 위한 초석이

1942년 일본이 싱가포르와 말레이반도에서 발행한 50센트 지폐. 앞면의 식물은 바나나 나무의 한 종류이다. 위키미디어 코먼스 갈무리.

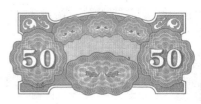

키워드 동남아

었다. 1942년부터 1945년까지 남방개발금고에서 수없이 많은 화폐가 발행되어 유통되는데, 이 화폐들의 앞면에는 동남아시아 지역의 특색을 잘 보여주는 그림들이 새겨졌다. 특히 바나나가 주로 등장하면서 해당 화폐를 '바나나머니'라고 부르기도 했다. 물론 바나나만 새겨진 것은 아니었다. 다양한 과일들과 말레이 지역의 정글, 강 등이 화폐에 등장하는데, 당시 일본군이 이 동남아시아 지역을 어떠한 관점으로 바라본 것인지를 잘 드러내주는 흥미로운 사례라고 할 수 있겠다.

제국주의가
동남아에 남긴 것

근대의 화폐는 신뢰의 산물이다. 신뢰의 대상은 다름 아닌 해당 화폐를 발행하는 주체, 즉 국가다. 우리가 금속도 아닌, 종이쪼가리에 불과한 달러를 신봉하는 것은 미국이라는 국가가 가진 영향력이 흔들리지 않을 것이라는, 따라서 이 국가가 보증하는 화폐 역시 가치가 오르면 올랐지 내려가지는 않을 것이라는 확고한 신뢰가 있기 때문이다. 그렇다면 이 시기 일본은 어떠했을까. 당시 동남아시아인들, 특히 상업 분야에서 두각을 드러내어 동남아시아 지역의 경제를 장악하고 있던 화교 그룹의 경우 일본을 신뢰하고 있지 않았다. 각지에서 이루어진 일본군의 학살과 무력시위 아래 대량으로 발행된 남발권을 기반으로 물자를 공급했지만, 대부분은 집 안에 영국 식민 시기 화폐를 꽁꽁 숨겨두고 있었다고 한다. 이러한 상황은 홍콩이나 중국 역시 마찬가지여서 중국인들은 HSBC(홍콩-상하이 은행)가 일본 침공 이전 발행한 홍콩달러나 장제스 국민당 정부가 화폐개혁(1935) 이후 발행한 법정 화폐를 그들끼리 몰래 사용하거나 쟁여놓고는 일본군이 발행한 군표나 남발권과 같은 식민지 화폐를 배척하거나 쓰는 시늉만 했다고 한다.

이러한 현상은 일본의 자금 동원이나 물자 공급에 차질을 빚어 전쟁 수행에 어려움을 주었다. 일본군은 점령지에서 다양한 정책을 통해 일본군이 각지에서 발행한 화폐를 사용하도록 독려했지만, 갈수록 패색이 짙어지고 있던 전황을 이미 눈치채고 있던 현지인들에게는 씨알도 먹히지 않았다. 그에 따라 화폐를 더욱 남발하는 악순환이 벌어져 결국 극심한 인플레이션을 초래하게 된다. 이렇게 남발된 화폐들은 그대로 동남아시아와 홍콩의 각 가정에 지금까지도 남아 있는 경우가 많은데, 이베이와 같은 경매 사이트에서 쉽게 구할 수 있을 정도다. 심지어 2015년 무렵에도 일련의 홍콩인들이 같은 시기에 식민을 겪은 부모로부터 물려받은 현 시세 수백만 달러의 군표를 가지고 일본 정부에 배상을 요청한 적이 있을 정도다.

결국 '바나나머니'와 군표를 포함해 일본이 발행한 전쟁기 화폐는 1945년 8월 전쟁이 끝나면서 휴지 조각이 된다. 싱가포르와 말레이반도를 다시 지배하러 온 영국 식민정부는 일본이

1944년 일본이 발행한 10달러 지폐. 앞면에는 동남아시아의 대표적 과일인 바나나, 구아바, 코코넛, 파인애플 등이 새겨져 있다. 위키미디어 코먼스 갈무리.

1944년 일본이 발행한 100달러 지폐. 전황이 불리해짐에 따라 일본은 점차 큰 단위의 화폐를 대량 발행하기 시작했다. 위키미디어 코먼스 갈무리.

발행한 화폐를 무시했다. 사실 초기에 낮은 가격으로 환전해주는 방안이 고려되기는 했지만, 영국 역시 미국에 밀려 제 코가 석 자인 상황이었던지라 아무런 조치도 취하지 않았다. 결국 휴지 조각으로 거래한 셈이 된 동남아시아인들의 경제적 피해는 극심했다. 전쟁 이전 자본을 이미 해외로 빼돌린 상태였던 화교 자본가들을 제외한 현지인들의 피해가 컸다.

그러나 그 점령이 전혀 의미가 없었던 것은 아니다. 서구와 일본이라는 두 '제국'의 점령과 착취를 차례로 받으면서 현지인들은 그 어느 제국도 그들 공동체와 운명을 함께하지는 않는

현지에서 '피상고렝'으로 불리는 튀긴 바나나를 팔고 있다. 바나나가 풍부한 동남아시아이기에 시도할 수 있는 조리법이다. 의외의 별미라서 관광객들에게 인기를 끌기도 한다. 위키미디어 코먼스 갈무리.

다는 것을 깨닫게 되었다. 영국이 가져다준 근대의 화려한 물질 문명도, 일본이 얘기하는 '아시아인에 의한 아시아 통치'라는 침략의 명분도 모두 공허한 것임이 가혹한 착취로 증명되었다. 일본 식민의 경험은 자신을 지키기 위해서는 제힘으로 스스로 일어서야 한다는 사실을 깨닫는 계기이기도 했다. 지금 우리가 보는 대부분의 동남아시아 국가들이 1945년 일본의 항복과 동시에 영국, 네덜란드, 프랑스, 미국으로부터의 독립을 차례로 선언하거나 협상하기 시작한 것 역시 이러한 맥락에서 이해할 수 있다. 일본 점령기에 발행된 화폐는 사실 경제적인 측면에서는 아무런 가치가 없었고 손해만 잔뜩 안겨다 주는 것이었지만, 그 가치 없음이 남긴 유산은 동남아시아 역사에 중대한 전환점으로 작용했다. 바로 독립과 건국, 내셔널리즘의 자각이다. 아

동남아시아 점령 이후 1943년 11월 도쿄에서 개최된 '대동아회의'. 일본이 주장하는 '대동아공영권'의 주요 구성원들이 모인 자리로 일본의 아시아 침공을 정당화하기 위한 선전 성격이 강했다. 주요 참석자로는 왼쪽으로부터 버마의 바모(Ba Maw), 만주국의 장징후이, 일본이 세운 난징국민정부의 왕징웨이, 일본 총리 히데키 도조, 타이의 왕족이자 외교대표인 완 와이타야콘(Wan Waithayakon), 일본 점령기 필리핀의 수반이었던 호세 라우렐(José Paciano Laurel), 무장투쟁을 통한 인도의 독립을 주장한 민족주의자 수바스 찬드라 보제(Subhas Chandra Bose)다. 위키미디어 코먼스 갈무리.

무런 흔적도 남기지 않는 역사란 없다는 것을 새삼 깨닫는 순간이다.

김종호

인도인

2.

제국의 이방인
착취자들

레오나르도 디카프리오 주연의 영화 〈비치〉의 배경이 된 피피
섬으로 유명한 타이의 끄라비주는 라일레이 해변, 끄라비 타운
등의 휴양지가 있고 푸켓과도 가까워 코로나 바이러스가 퍼지
기 전까지 전 세계적으로 인기를 끌던 신혼여행지이자 가족여
행지였다. 그뿐 아니라 동남아시아 고대사를 연구하는 이들에
게도 끄라비주는 매우 중요한 지역인데, 이 지역에서 고대 인
도-동남아시아 관계를 기원후 3~4세기까지 끌어 올려줄 유물
들이 출토되었기 때문이다. 인도-그리스 복합문화의 영향을 받
았을 것으로 추정되는 금화가 유명하고, 무엇보다 인도 고대 문
자의 하나인 브라흐미로 쓰인 석제 초석이 발견되었다. 여기에
적힌 '페룸 파탄(Perum Patan)'이란 말은 '위대한 금세공업자'라
는 뜻으로, 인도 남부와 스리랑카 북부지역에 걸쳐 살던 타밀인
금세공업자들이 사금이 많이 채굴되던 이 지역에 집단적으로

　　　　　　　　　　　　　　　　　　　키워드 동남아

모여 살았음을 보여준다.

　인도와 동남아시아는 지리적으로도 가깝고, 일찍부터 상업적으로 연결되어 있었던 까닭에 문화적으로도 많은 영향을 주고받았다고 알려져 있다. 인도가 속한 남아시아를 통해 동남아시아에 힌두교와 불교가 들어오기도 했으며, 이후 이슬람교가 진출했을 때는 이슬람화한 인도인들이 해양부 동남아시아 이슬람화의 중요한 매개가 되기도 했다. 즉, 동남아시아인들에게 인도와 상업적 관계를 맺거나 인도인들로부터 종교를 받아들이는 것은 어느 정도 자연스러운 것이었고, 18세기 정도까지 두 지역의 관계는 갈등이 없었다고는 할 수 없겠지만, 나름 평화적이었다고 할 수 있었다. 그러나 근대에 들어와 동남아시아인과 인도인의 관계는 지배와 피지배의 관계로 급변하는데, 그 원인은 바로 영국의 식민지 정책에 있었다.

영국의 식민정책과
인도인 이주

16~17세기 포르투갈, 스페인, 네덜란드, 영국의 동방항로 진출로 유럽인들을 맞이하게 된 동남아시아가 본격적으로 식민화한 것은 18세기 후반, 19세기 초반부터였다. 산업혁명으로 대량생산 체제를 갖추게 된 유럽은 대량의 천연자원이 필요했고, 다양한 자원과 자연환경을 보유하고 있던 동남아시아가 그

미얀마의 젖줄인 에야와디강. 에야와디강의 하류 삼각주 지역은 동남아시아에서 가장 많은 쌀이 생산되는 지역 가운데 하나다. 위키미디어 코먼스 갈무리.

주요 타깃이었다. 해안선이 복잡하고, 섬이 많은 해양부 동남아시아의 경우 식민 이후 주석과 같은 광물자원이나 상품작물이 대량으로 생산되어 수출되고 있었다. 반면, 버마(현 미얀마)의 에야와디강, 시암(현 타이)의 차오프라야강, 베트남 남부의 메콩강 유역을 중심으로 대규모 벼농사가 진행되고 있던 대륙부 동남아시아 지역들에서는 서구 제국의 통제 아래 쌀과 같은 식량이 대량으로 생산되어 인구가 많은 주변의 인도, 중국 등 역외나 상품작물을 생산하느라 식량자원이 부족해진 역내의 해양부 동남아시아로 수출되었다. 1869년 개통한 수에즈 운하 덕분에 매우 가까워진 유럽 역시 주요 수출시장이었다.

문제는 피식민지로서 동남아시아는 땅이 넓고 식생도 다양한 반면, 인구가 절대적으로 부족했다는 점이다. 식민지 이전의 동남아시아는 노동력이 모자라 자급자족하거나 역내에서 유통될 정도, 혹은 기껏해야 가까운 중국이나 인도로 수출할 수 있을 정도의 농업·광업·어업·임업 상품만을 생산했다. 장기 운반이 가능한 일부 품목의 경우에는 드물게 무슬림 상인들에게 팔 수 있을 정도의 상품을 생산했다. 그러나 유럽인들이 생각하던 식민지 경제는 그 수출대상이 세계시장이었기 때문에 최대한 넓은 경작지를 유휴지 없이 조성한 뒤 최대한 많은 인구를 투입해 최대한 많은 생산물을 생산해내는 방식이었다. 여기서 관건은 노동력 확보였다. 19세기에서 20세기 중국계, 인도계 노동자들이 동남아시아로 대거 유입된 이유가 이것이다.

중국계 이주민들이 동남아시아 전역에 퍼졌던 것과는 달리, 인도인들의 이민은 영국 식민지 내에서의 이동이 대부분이었다. 그런 이유로 18세기 후반 인도에서의 지배권을 확립한 영국이 19세기 바다를 통해서는 싱가포르섬과 술탄들이 다스리던 말레이반도로, 육로로는 꼰바웅 왕조가 다스리던 미얀마로 이동했을 때, 인도인들 역시 군인, 상인, 노동자, 관료 등의 다양한 얼굴을 하고 각지에 진출했다. 흥미로운 점은 영국인들이 인도인들의 이주를 계획 및 장려하면서 식민지배자의 눈으로 본 인도 각 지역의 특징과 습성을 토대로 사람들을 직업군에 따라 분산 배치했다는 사실이다. 지금은 인도, 스리랑카, 파키스탄, 방글라데시, 네팔, 부탄 등으로 나뉜 이 남아시아 지역이 워낙 땅이 넓고 지역 간 이질성 역시 극에 달했기 때문이기도 하고, 이들에 대한 영국인들의 선입견 탓이기도 했다.

대표적인 예가 바로 주로 경찰이나 용병, 군인으로 진출한 시크교도들이다. 신자들이 자기 머리보다 큰 터번을 쓰는 것으로 유명한 시크교는 영국 점령 이전 인도 서북부 지역, 지금의 파키스탄 지역인 펀자브 지역에서 발생한 종교로, 그 탄생부터 무굴제국과의 투쟁으로 시작했다. 그런 이유로 영국은 무굴제국을 점령하고 난 뒤 펀자브 지역의 시크교도들을 경찰이나 군인으로 많이 활용했고, 이후 싱가포르, 말레이반도, 미얀마의 양곤, 더 나아가 홍콩이나 상하이의 조계지에서도 그대로 이들에게 경찰이나 군인 역할을 맡겼다. 1873년 말레이반도 페락주의

1900년경 라이플을 들고 있는 싱가포르의 시크교도 군인. 영국령 식민지에서 높이 솟은 터번을 쓴 시크교도는 치안 유지에 주로 동원되었고, 피식민인들에게는 식민과 통제의 상징으로 여겨지기도 했다. 위키미디어 코먼스 갈무리.

키워드 동남아

주석광산에서 암약하던 중국계 비밀결사 조직들을 진압하려고 불러들인 이들 역시 무장한 시크교도들이었다.

이런 이유로 몇몇 지역에서는 여전히 이 시크교도들이 식민 지배자의 '충견'으로 여겨져 배척당하기도 하고, 혹은 도시의 치안을 담당해왔다는 이유로 지금까지도 그 후손들이 경비 관련 업무를 맡기도 한다. 심지어 말레이시아 페낭의 중국계 씨족협회 건물에는 그 정문에 시크교도의 석상이 서 있기도 하고, 영국의 식민지배가 끝난 이후에도 시크교도의 후손들이 쿠알라룸푸르의 도교 사원에서 경비 및 관리 업무를 보고 있는 경우도 있다.

타밀지역 인도인들의
동남아시아 이주

인도 남부 타밀지역의 카스트 계급 가운데 주로 돈을 다루는 체티어 계급의 상인들 역시 그렇게 자의 혹은 타의로 동원된 인도인들이다. 이들은 주로 싱가포르, 영국령 말라야, 영국령 버마의 도시와 농촌 지역에 동원되었고, 주요 업무는 말레이, 버마인들과 같은 현지인들이나 중국계 이주민을 대상으로 한 고리대금업이었다. 현지에서는 주로 체티어 대부업자로 불렸다. 버마로 이주한 체티어 상인들의 경우 양곤과 같은 도시지역에서는 중국계 이주민들이나 현지인에게 돈을 빌려주는 경우가 많

1920년께 싱가포르의 체티어 상인. 영국령 인도의 금융기관으로부터 지원받아 자금이 풍부했던 체티어 상인들은 중국계 이주민뿐 아니라 유럽인들을 대상으로 대부업에 종사하기도 했다. 위키미디어 코먼스 갈무리.

왔다. 당시 최대도시였던 양곤은 인도인의 도시라고 할 수 있을 만큼 체티어 상인 외에도 인도인들이 많았는데, 1931년 기준 현지인 12만 명, 인도인 18만 명, 중국인 3만 명으로 도시 구성원 중에 인도인이 다수를 차지할 정도였다.

 체티어 상인에게 돈을 빌린 이들은 버마의 농촌에도 있었다. 당연한 말이겠지만, 농사에는 돈이 많이 든다. 종자, 비료, 농기구 등을 구입해야 하고, 토지도 빌려야 한다. 농사지을 동안의 생활비, 혹시라도 농사를 망쳤을 경우 다음 수확 시기까지 생활할 비용도 필요하다. 체티어 상인들은 이러한 자금을 연이율 15~36%로 버마 남부 지역에서 쌀농사에 종사하는 버마인들에게 대출해주었고, 돈을 갚지 못할 경우 토지를 대신 받는 식으로 현지에서 지주가 되었다. 체티어들의 적극적 활동은 그

1932년 싱가포르 중국계 이주민과 인도인 상인 사이에 맺은 대부 계약서. ⓒ 김종호

들이 제공하는 이율이 다른 현지인이나 중국계 상인들보다 낮았음에도 불구하고 대리 착취로 여겨져 버마인들의 민족주의 운동에 자극을 주기도 했다.

1932년 싱가포르에서 중국인 이주민과 인도인 대부업자 사이에 맺어진 대부 계약서에는 이영림(李永林)과 이찬주(李贊周)가 인도 상인 나바나 사나 순무감 필레이(Navanna Sana Shunmugam Pillay)로부터 129달러를 빌렸고, 이를 86일 안에 갚는다는 내용이 들어 있다. 돈을 빌린 날짜인 4월 20일부터 129달러를 86으로 나누어 하루 1.5달러씩 지급하고, 여기에 연이율 24%에 해당하는 금액을 내야 했다. 달러는 현지에서 통용되던 해협식민지 달러를 가리킨다. 이처럼 중국계 이주민들의 주요 자금원 가운데 하나가 바로 인도인 대부업자였고, 그 대부분은 타밀 출신 체티어 계급의 상인들이었다. 이렇게 돈을 빌린 중국계 이주민들은 그 돈을 초기 정착자금으로 쓰거나 사업의 종잣돈 및 확장 자금용으로 확보하기도 했다. 혹은 자바나 수마트라로 건너가 현지인들을 대상으로 더 높은 이율로 대부업을 하기도 했다. 이러한 체티어들은 흔히 상반신을 반쯤 드러낸 민머리 인도인의 모습을 하고 있다.

다른 한편으로 남부 인도에서 건너간 타밀인 가운데 체티어 계급이 아닌 타밀인들은 20세기부터 말레이반도를 중심으로 본격화된 고무 농장에 노동자로 동원되는 경우가 대부분이었다. 또한 쌀 생산의 중심지였던 남부 지역, 즉 에야와디강 하류의 경우 대규모 인도인 노동자 집단이 부족한 농업 노동자를 충당하기 위해 이주하기도 했다. 혹은 싱가포르와 같은 대도시에서는 도시 하층 노동자 계층을 형성하기도 했다. 그 외에 일부 실론(현 스리랑카) 출신의 타밀인들이 주로 사무직 관료로 활용되기도 했다. 그런 이유로 지금까지도 말레이반도와 싱가포르에 남은 인도인 공동체는 대부분 타밀 출신이고, 싱가포르에서는 타밀어가 영어, 중국어, 말레이어와 함께 독립 이후 4대 공용어 가운데 하나로 선정될 정도다.

제국이 심은 비극의 씨앗,
로힝야

이러한 영국령 내의 인도인 이주가 일으킨 가장 중요한 비극 가

싱가포르 차이나타운에 위치한 힌두사원 스리 마리암만 사원. 영국인들과 함께 건너온 타밀인에 의해 1827년에 세워졌고, 지금까지도 싱가포르 타밀인 공동체의 상징으로 여겨지고 있다. 위키미디어 코먼스 갈무리.

2018년 7월 로힝야 난민들이 거주하고 있는 방글라데시 콕스바자르 하킴파라(Hakimpara) 캠프 모습. ©〈한겨레〉김봉규 기자

운데 하나가 바로 로힝야 무슬림들의 이주다. 지금은 미얀마 라카인주(Rakhine State, 어카인이 정확한 발음)지만, 과거에는 아라칸 지역이었던 이곳은 벵골만에 면해 있어 과거부터 불교를 믿는 버마인들과 무슬림을 믿는 로힝야인들 및 벵갈인들이 교류하며 혼거하던 지역이었다. 심지어는 이들을 모두 포함하는 독립 왕국이 성립되기도 했다. 꼰바웅 왕조 시기 인도에서의 지배를 확립한 영국이 1824년부터 1887년까지 세 차례에 걸친 전쟁을 통해 버마를 정복하는데, 이 아라칸 지역은 1차 전쟁의 결과로 영국령이 되었다. 애초에 영국은 버마를 영국령 인도의 한 주로 만들 생각이었고, 아라칸 지역 역시 영국령 인도의 일부가 되었다. 영국은 저항의식과 공동체성이 강한 버마인들의 기운을 누름과 동시에 노동력으로 활용하기 위해 인근의 로힝야 무슬림들을 대거 버마로 이주시킴으로써 비극의 씨앗을 남겼다. 1948년 버마가 독립하고 영국은 물러갔지만, 로힝야인들은 대리 착

키워드 동남아

취자인 인도인을 영국인보다 더 증오했던 버마인들의 축적된 분노를 맞이해야만 했다.

식민 시기 당시 로힝야 무슬림들은 현지의 불교도들을 물리적으로 탄압하는 군대병력, 혹은 경제적으로 착취하는 지주계급으로 동원되거나 활동했던 탓에 버마에서 주요 청산대상으로 여겨졌다. 초기에 아웅산 장군(현 아웅산 수치의 아버지로 미얀마의 독립영웅)은 이들을 포함한 소수민족들을 포용하는 버마연방의 성립을 구상했지만, 그가 1947년 피살당하고 이후 군부세력인 네윈이 인구의 대부분을 차지하는 버마족을 중심으로 국가를 운영하면서 소수민족은 탄압받고 배제당하게 된다. 그 주요 대상이 식민 시기 버마족들을 억누르기 위해 동원되었던 로힝야인들과 카렌족이었다. 종교 역시 거의 대다수가 믿는 불교가 아닌, 각각 이슬람과 기독교로 이질성이 뚜렷했기에 적대의 논리를 만들기가 더욱 쉬웠을 것이다. 이 탄압과 배제의 역사가 21세기까지 이어지면서 지금의 비극으로까지 이어지고 있다.

영국의 동남아시아 식민지배의 유산인 인도인 공동체는 그 출신 지역만큼이나 직업 역시 다양했다. 그리고 미얀마와 말레이시아, 싱가포르에 지금까지도 남아 있는 그 후손들의 삶 역시 동화와 이질성 사이에서 다양한 스펙트럼을 보여주고 있다.

김종호

전염병

3.
제국과 방역,
싱가포르의 중국계 이주민들

전염병 전파에는 다양한 요인이 있다. 우선 환경적 요인으로 열대 기후에 전염병을 매개할 수 있는 다양한 동식물이 있으면 창궐의 가능성이 높다. 여기에 인구밀도가 높아지고, 주변 지역과의 왕래가 잦아질수록 역외의 전염병이 면역체계가 없는 현지인들을 대상으로 급속하게 퍼진다. 그 가장 대표적인 예가 바로 근대 영국의 식민 항구도시, 싱가포르였다. 싱가포르는 1819년 영국의 식민지가 된 이래 수많은 중국인, 인도인 이주민들이 모여든 지역이었고, 유럽, 서아시아, 동북아시아, 남아시아, 아메리카 등 전 세계의 상인, 관료, 학자, 탐험가 등이 드나드는 핵심 허브 도시였다. 1920년대를 기준으로 싱가포르항에는 전 세계 최대 360여 곳이 넘는 항구도시에서 온 선박들이 줄지어 있었고, 당시 싱가포르는 세계에서 6번째로 큰 항구도시였다.

1930년대 싱가포르강의 전경. 위키미디어 코먼스 갈무리.

    1819년 이전에는 1,000명도 살지 않던 지역이 100년 만에 수십만의 인구가 거주하는 거대 도시로 변화하는 과정은 새로운 근대도시의 탄생을 의미하기도 했지만, 아무런 도시 인프라가 갖춰지지 않은 지역이 밀려드는 인구를 제대로 수용하지 못해 전염병에 취약한 환경으로 변화하는 과정이기도 했다. 급증한 인구밀도는 주거 문제, 음식 보존 문제, 가난, 기아 등을 유발했고, 빈번한 전염병 창궐을 야기했기에 영국 식민정부와 거주 인구 및 이민자의 대다수를 차지하던 중국계 공동체는 도시 환경을 파괴하고 심각한 노동력 손실을 유발하는 전염병과 끝없이 싸워야 했다. 150여 년에 달하는 식민 시기 싱가포르의 역사는 다른 한편으로 전염병 대응의 역사이기도 하다.

싱가포르 열대기후 속
초기 방역대응 실태

1826년, 영국에 의해 페낭, 믈라카와 함께 해협식민지로 통합된 이후 싱가포르에서는 콜레라, 천연두, 장티푸스, 성병, 이질, 말라리아, 결핵, 각기병, 폐렴, 십이지장충 등 다양한 질병이 유행했다. 특히 19세기 말에서 20세기 초 중국계 이주민의 숫자가 급증하는 시기의 전염성 질병 발생 추이를 보면, 이와 같은 질병들이 전 시기에 걸쳐 동시다발적으로 발생한 것을 관찰할 수 있다. 이러한 질병들에는 열대지방 특유의 기후로부터오는 전염병도 있었지만, 유럽인이나 푸젠, 광둥 출신 중국인이 가져온 전염병도 있었다. 그 밖에 서아시아에서 발생한 전염병이 유행하기도 했다. 식민 시기 싱가포르인들의 삶에서 전염병은 매우 '일상적인' 요소였고, 식민지 정부에 의한 방역과 의료체계의 형성 역시 행정체계에서 가장 기본적인 고려요소가될 수밖에 없었다. 무엇보다 보건의료적인 측면에서 영국령 싱가포르의 가장 치명적인 약점은 바로 끊임없이 밀려들어 오는중국계 이민자들이었다.

아편전쟁 이후 19세기 중후반 중국 청 제국의 내부 혼란, 해외 이민에 대한 청 제국 관료들의 인식변화, 그리고 1893년 해외여행 자유화 등을 계기로 동남아시아로의 중국계 이민이 급증하게 된다. 통계에 따르면 1871년 5만 명에 불과하던 싱가포르의 중국계 이주민 인구가 1911년 20만, 1921년 30만, 1931년 40만 명으로 급증한다. 모두 당시 싱가포르 전체 인구의 70~80%에 달하는 숫자였다. 문제는 이들이 주로 싱가포르 도시의 하층민으로서 극빈층을 구성하고 있었다는 점이었다. 이들은 대부분 기아와 가난, 비위생 상태에 놓여 있었던 데다 아편중독도 심해 큰 사회적 병폐이자 각종 범죄와 전염병 전파의 온상으로 여겨지고 있었다.

지금도 싱가포르의 관영 언론매체로 유명한 〈스트레이츠 타임스〉의 1845년 9월 23일 기사를 보면 이러한 문제가 일찍부터 있었음을 알 수 있다. 해당 기사는 가난한 이들에 대한 복지 및 보건의료적 조치가 전혀 이루어지고 있지 않고, 범죄의 온상이 되어가고 있다는 점을 지적하고 있다. 또한, 약 3만 6,000명의 중국계 거주민 가운데 3분의 1이 삶을 영위할 수단이 없고, 6,000명이 기아에 시달리고 있는 데다 연간 100명이 넘는 이들이 굶주림으로 사망한다는 점을 밝히면서 그 비참함을 강조한다. 이에 대해 19세기 영국 식민정부의 기조는 하층민인 중국계들을 위한 병원은 부유한 중국계 상인들이 설립해야 한다는 것이었다. 실제 1821년 세워진 최초의 빈민병원은 거의 대부분 중국계 상인들의 세금으로 운영되고 있었고, 1847년 푸젠계 거부인 탄톡생이 세운 탄톡생 병원은 빈민병원으로 시작해 지금도 싱가포르에서 가장 유명한 종합병원으로서 보건의료의 중요한 축으로 기능하고 있다. 그러나 이러한 빈민병원은 결과적으

탄톡생 병원 전경. 탄톡생 병원은 싱가포르에서 가장 오래되고 가장 큰 병원 가운데 하나다. 현재는 난양공대 의과대학의 수련병원이기도 하다. 위키미디어 코먼스 갈무리.

로 그리 큰 효과를 보지 못했는데, 당시 중국에서 막 건너온 중국계 이주민들이 서구식 의료체계를 불신했기 때문이다. 당시 중국계 이주민들은 가족들과 격리시키면서 외과적 시술을 하거나 알 수도 없는 약을 처방하는 서구식 의료활동을 기피했고, 서구인들의 눈에는 매우 미신적이고 비위생적으로 보이는 전통적 의료 관행에 따라 환자를 자체적으로 치료했다.

중국인 대량이주와
방역체계의 필요성

19세기까지만 해도 영국 식민정부는 이러한 내부 상황에 대해 무관심했고, 오직 유럽인들이나 비유럽계 가운데 군인, 경찰,

행정관료로 유용한 인도인들만을 의료행위 대상으로 삼아왔다. 식민정부가 사태의 심각성을 깨닫고 변화하게 되는 것은 20세기 들어 급증한 중국계 이주민들 때문이었다. 1900년대 초, 각기병, 성병, 말라리아와 같은 질병이 매년 평균 수천 건 발생했고, 1900년에서 1920년까지 콜레라로 인한 사망자만 2,693명에 달했다. 이 통계는 식민정부가 병원과 같은 공식 보건의료시설에서 집계한 자료이며, 서구식 의료체계를 불신하는 일반 주민들을 포함하면 실제 감염자 수는 훨씬 많았을 테다. 이러한 상황을 개선하려고 식민정부는 백신을 적극적으로 보급하거나, 각 구역마다 외래진료소를 설치해 좀 더 적극적으로 치료받을 수 있도록 했고, 현지인들을 치료할 수 있는 각종 병원 및 '미들턴 병원'과 같은 전염병 격리시설을 설립하는 등의 정책을 마련하기 시작했다.

그러나 무엇보다 중요한 변화는 더욱 적극적인 방역을 목표로 항구에서부터 모든 방문객을 검역해 격리하는 선제적 방역 시스템을 마련한 것이었다. 1902년 항만 검역관과 부속 조직을 설치한 것이 그 시작이다.

"만일 항구에 도착한 뒤 12시간 내에 사망자가 발생할 경우, 그리고 선내에 의사가 없을 경우에는 시체를 검역관이 볼 수 있도록 보존해야 함. 만일 항구에 정박해 있는데 전염병 케이스가 발생하면 항만 검역관에게 바로 신고해야 함. 정박하면

미들턴 병원 정문의 모습. 전염병 감염자를 격리하기 위해 설립된 미들턴 병원의 시작은 1907년 격리 캠프이고, 이후 1920년 미들턴 병원으로 이름을 바꾸었다. 1985년 탄톡생 병원과 합병하면서 전염병 센터(CDC, Communicable Disease Centre)가 되었다가 2018년 보건부 산하 국립 전염병 센터(NCID, National Center for Infectious Diseases)로 확대 개편되어 싱가포르 전염병 예방의 헤드쿼터 역할을 하고 있다. 전염병 센터 시기에는 1999년 니파 바이러스, 2003년 사드 바이러스 사태가 일어났을 때 중요한 역할을 한 것으로 유명하다. 싱가포르 국립 기록관 소장.

선원들과 승객들을 질서정연하게 모아서 줄을 세울 것. 그리고 건강 증명서, 선원 명단, 승객 명단, 선적 화물의 목록 등 모든 서류가 준비되어야 함. 항구에 도착한 상황에서 배가 더럽거나 비위생적일 경우 고소의 대상임. 해협식민지의 시민이 아닌 중국 및 인도 출신 승객은 최근에 백신을 맞았다는 정당한 증빙이 없을 경우 추방의 대상임. 감염된 선박의 경우 역시 검역의 대상임. 검역에는 일정 비용이 소요. 항만 검역관의 근무시간은 평일 9시 30분에서 5시까지, 토요일 9시 30분에서 1시, 일요일 및 공휴일 10시에서 12시임."

이는 1914년 항만 검역관이 싱가포르항에 방문하는 각 선박의 선장들에게 공지한 대응 매뉴얼의 일부다. 이 매뉴얼에 따라 1902년에서 1925년까지 항만 검역관에 의해 검역이 실시된 선박만 3만 4,181척이고, 승객과 선원 포함 총 896만 8,682명을 대상으로 검역을 실시했다. 연도별 선원과 승객의 수가 매년 전체 싱가포르 인구와 비슷하거나 훨씬 많아 당시 싱가포르의 내외부 인구 유동성이 얼마나 높았는지를 잘 보여준다. 그리고 그 유동인구의 절대다수는 홍콩, 샤먼, 광저우, 샨터우 등 중국에서 오는 이민자들이었다. 1923년 기준 싱가포르에 방문해 검역을 거친 승객 25만 가운데 16만이 중국계 이민자였다. 실제로 싱가포르 역내의 전염병 창궐은 이 중국에서 오는 승객들이 감염원인 경우가 많았는데, 1903년 3월부터 10월까지 홍콩과 샤먼에서 페스트가 극성을 부리자 식민정부가 이 두 도시에서 오는 이민자들의 입국을 금지하기도 했다. 콜레라 역시 중국에서 온 선박이 감염원인 경우가 대다수였다.

당시 항만 검역관의 보고서에는 도착하는 항구에서 검역하기보다 입항 승객의 대다수를 차지하는 중국계 이주민들이 출발하는 중국의 항구에다가 창고를 마련해 위생점검, 검역, 백신 접종을 선제적으로 실시해야 한다고 주장하기도 한다. 그리고 항만 검역관에 의해 감염자로 판단된 이주민들은 싱가포르섬 남쪽 맞은편에 위치한 세인트 존스섬의 격리시설에 보내졌다. 통계에 따르면, 1903년에서 1925년까지 총 77만 5,135명의

세인트 존스섬의 격리시설을 그린 그림. 세인트 존스섬은 현재 해변이 아름다운 휴양지로 유명하지만, 일부 구역은 싱가포르 농축산 식품 및 동물 검역 담당국(Agri-Food & Veterinary Authority)에서 사용하고 있기도 하고, 또 다른 일부 구역은 불법 이민자들을 수용하는 용도로 쓰이고 있기도 하다. 위키미디어 코먼스 갈무리.

감염자가 이곳에 수용되었다. 이 격리시설의 유지와 운영에는 중국계 공동체의 도움이 컸는데, 식민정부 산하 중국계 지도층 모임인 중국자문위원회가 수십 명의 중국인 인력과 각종 물자를 지원해주었다.

싱가포르에 남은
제국 방역체계의 흔적

19세기 말~20세기 초 밀려드는 이민자들, 그리고 함께 들어오는 전염병을 관리하기 위해 식민정부와 중국계 공동체가 마련한 시스템의 흔적들은 현재 싱가포르 방역시스템 곳곳에서 발

에드워드 7세 의약학대학 건물. 1905년 중국계 상인들에 의해 세워진 '해협식민지와 말레이 연방정부부설 의료학교'는 1913년 에드워드 7세 의료학교, 1921년 에드워드 7세 의약학대학을 거쳐 싱가포르 국립대학 용루린 의과대학으로 통합되었다. 다만 사진의 에드워드 7세 의과대학 시기의 건축물은 현재 싱가포르 보건부(Ministry of Health)가 사용하고 있다. 위키미디어 코먼스 갈무리.

싱가포르에서 전염성 질병에 의한 영아 및 유아 사망률은 심각한 문제였고, 그에 따라 여성 간호 인력의 교육과 수급이 1880년대 중반부터 실시되었다. 사진은 1960년 탄톡생 병원 여성 간호 인력. 싱가포르 국립 기록관 소장.

식민 시기에는 도심에 집중되어 있는 의료 인프라에 접근하기 어려웠던 교외의 인구를 대상으로 한 외래진료 역시 활발히 이루어지고 있었다. 이러한 시스템은 싱가포르가 영국의 식민지배에서 벗어나 독립 직전 자치정부를 세웠을 시기에도 그대로 이어진다. 사진은 1963년 외곽 농촌 마을을 돌며 외래진료가 이루어지던 광경. 싱가포르 국립 기록관 소장.

견된다. 지난 2년간 코로나19에 대응하는 주요 의료시설인 공공병원 중 급성병원으로 분류되는 9개 종합병원 가운데 5개의 병원이 식민 시기에 지어진 병원이다. 그리고 1907년 전염병 환자를 격리하기 위해 지은 시설이 1920년 미들턴 병원으로 이름이 바뀌었는데, 이 미들턴 병원이 현재 코로나 사태를 맞아 싱가포르 방역의 헤드쿼터 역할을 하는 보건부 산하 국립 전염병센터의 전신이다. 1905년 급증하는 전염병과 질병을 치료하는 의료인력을 키울 목적으로 탄지악킴을 비롯해 싱가포르의 중국계 상인들이 출자해 세운 '해협식민지와 말레이 연방정부부설 의료학교'는 현재 싱가포르 국립대학 용루린 의과대학의 전신이다. 무엇보다 20세기 초중반, 방문 선박에 대한 선제적 검역과 감염자의 격리 및 치료로 이어지는 근대적 방역 체계를 일찍부터 경험했다는 사실 자체가 중요한 유산이라고 할 수 있을 것이다.

제국이 동남아시아에 남긴 유산은 다양했다. 가장 두드러지는 유산 가운데 하나가 바로 대량의 이주민들, 특히 중국계, 인도계로 대표되는 이주민 그룹의 존재와 수백만에 달하는 이주민들을 어떻게든 관리하고 통제하려 한 제국의 제도, 인프라, 그리고 축적된 경험이다. 상당수의 동남아시아 국가들은 바로 이 제국의 노하우를 직간접적으로 이어받았다. 20세기 초 밀려드는 중국계 이주민들을 의료보건의 차원에서 관리하기 위해 식민정부와 중국계 공동체가 마련한 인프라와 노하우는 그대로 독립(1965년) 이후 공화국 시기 싱가포르 방역 관련 제도의 핵심으로 작용하고 있다.

김종호

문화재 반환

4.

동남아 문화재를 탐한
그 남자의 두 얼굴

근래 우리나라 젊은 사람들 사이에서 몸만들기 열풍이 불었다. 코로나로 인해 할 수 있는 일이 줄어들고, 외부활동이 어려웠던 탓에 운동을 통해 몸만들기에 나선 사람이 늘었던 까닭이다. 열심히 운동을 해서 건강한 근육질의 신체를 사진으로 찍어 남기는 바디프로필 만들기도 유행이다. 일종의 보디빌딩이다. 군살하나 없는 건강한 신체를 만드는 보디빌딩은 동남아시아 게임(Southeast Asian Games)에도 정식 종목으로 채택된 인기 스포츠이다. 흥미롭게도 타이(태국) 보디빌딩의 대부는 영국인 더글러스 래치퍼드(Douglas Latchford)였다. 지난 2020년 8월 래치퍼드가 사망할 때까지 그는 열렬한 타이 보디빌딩의 후원자로서 그 공로를 인정받아 타이 보디빌딩연합의 명예회장을 지냈다. 원래 인도 뭄바이 출생인 래치퍼드는 1956년 방콕으로 이주한 후 제약회사를 차려 성공한 사업가가 되었고, 1968년에는 타이 시민이 되었으니 영국인이라는 그의 혈통이 과연 의미가 있는지는 모르겠다.

래치퍼드,
왕실 훈장 수여자에서 밀수꾼으로

래치퍼드의 사후, 심각한 문제가 불거졌다. 문제는 그가 후원한 보디빌딩이 아니라 그가 사 모은 동남아 미술 컬렉션에서 터졌다. 래치퍼드의 컬렉션을 대표하는 것은 크메르 미술이다. 타이에서 부동산 개발업자로도 막대한 재산을 모은 그에게는 엄청난 규모로 미술품을 수집할 만한 재력이 있었다. 하지만 손뼉은 마주쳐야 소리가 나는 법이다. 보존 상태가 아주 좋은, 높은 수준의 크메르 제국 조각과 보석들을 그에게 팔아넘긴 것은 킬링필드로 악명 높은 크메르 루즈였다고 알려졌다. 이렇게 구매한 유물들을 래치퍼드는 미국과 유럽의 박물관에 팔았다. 당시 제일가는 크메르 문화재 거간꾼이었던 셈이다. 1970년대, 아직까지 문화재 구매의 도덕성이나 국외 반출의 윤리와 같은 개념이 정립되기 전이었다. 많은 문화재를 판 뒤에도 그는 여전히 크메르의 보석 같은 조각들을 적지 않게 소유하고 있었다. 그의 유산을 물려받은 딸이 캄보디아에 반환한 조각은 무려 125점에 이르렀고, 가격으로 환산하면 5,000만 달러에 달한다고 한다. 래치포드는 물론 자신이 미술품을 타이의 농부들에게서 구매했고, 이로써 캄보디아 내전으로 인해 버려지고 파괴되

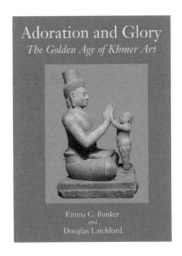

래치퍼드가 에마 벙커와 함께 출간한 책《Adoration and Glory》표지에 실린, 래치퍼드의 수집품을 대표하는 시바와 스칸다. 크메르 제국 시기에 만들어진 사암제 조각으로 프놈펜 국립박물관에 반환했다. 위키미디어 코먼스 갈무리.

는 유물을 구한 것이라고 강변했다.

　래치퍼드는 2020년에 사망했고, 그의 딸은 상속 문화재를 전부 캄보디아에 기증했는데 왜 아직까지도 문제가 해결되지 않은 걸까? 그가 영국과 미국, 호주에 판매한 미술 때문이다. 특히 뉴욕의 메트로폴리탄 미술관을 대표로, 저명한 공공미술관이나 박물관에는 그가 판 크메르 미술이 적어도 27점 이상 들어갔다. 내로라하는 미국과 영국, 호주의 미술관들이 래치퍼드와 관련되었음을 부인하거나 반환 여론에 반응하지 않는 가운데 덴버 미술관만 4점의 미술품을 반환하기로 했다. 당연히 캄보디아 정부와 구미 언론들이 밀어붙인 결과다. 래치퍼드에게 자충수가 되었던 것은 에마 벙커(Emma C. Bunker) 같은 학자들과 공동으로 출간한 크메르 미술 관련 서적이었다. 이 책을 내면서 그의 행각이 드러나고 논란이 됐다. 점잖은 영국 신사로, 정글 깊이 사원을 누비는 탐험가로, 품격 있는 미술품 애호가로 자신을 포장하는 데 그치지 않고 전문적인 식견을 내세우고 싶었던 그의 욕심이 발목을 잡은 셈이다. 2008년 캄보디아 왕실이 수여한 모니사라폰 훈장에 만족했더라면 벌어지지 않았을지도 모를 일이다.

문화재 도굴의 원조
앙드레 말로

두 얼굴을 한 이가 더글러스 래치퍼드만은 아니다. 약 100년쯤 거슬러 올라가면 프랑스의 대문호 앙드레 말로도 있다. 이들의 공통점은 캄보디아의 문화재를 탐냈다는 데 있다. 캄보디아가 프랑스 식민지였던 1923년, 고고학 조사단을 따라 앙코르 유적이 있는 씨엠립 인근에 갔던 말로는 힌두 사원 반티아이 스레이의 여신상을 골동상에게 팔려고 반출하다 프랑스 식민당국에 걸렸다. 사당 입구에 부조로 조각된 여신 데바타가 잘 떼어지지 않아 불까지 질렀다. 그의 나이 22세였다. 젊은이의 치기라고 보기엔 질이 좋지 않은 행위였다. 프놈펜에 압송된 말로는 수개월 동안 상습 도굴 혐의로 재판을 받고 일시적으로 감옥에 갇히

크메르 제국 초기의 미의식과 힌두신앙을 잘 보여주는 반티아이 스레이 사원. ⓒ 강희정

앙드레 말로가 떼어가려 했던 데바타 여신상. 검은 부분은 그가 불을 질렀던 흔적이다. ⓒ 강희정

기도 했지만 캄보디아에 동행했던 연인 클라라와 그의 재주를 아끼던 이들의 구명운동으로 집행유예를 받아 풀려났다. 이때의 경험에 바탕해 그가 쓴 소설이 《왕도로 가는 길》이다. 여기서 '왕도'는 당연히 크메르 제국의 수도 앙코르를 말한다.

훗날 드골 정부의 문화부장관이 되었지만, 도굴 사건 이전의 말로는 술과 오락을 즐기다 주인 없는 문화재에 손을 댄 제국의 3류 왈패였을 뿐이다. 그리고 그의 인생은 이 일을 계기로 급변했다. 프놈펜에서 겪은 프랑스 식민당국의 처우에 분노해 철저한 반식민주의자가 됐으니 말이다. 사회변혁에 뛰어든 말로는 베트민(베트남 독립동맹)의 전신인 안남청년동맹을 결성했고, 〈결박된 인도차이나(L'Indochine Enchaînée)〉라는 신문을 창간하기도 하며 프랑스령 인도차이나의 반식민운동에 나섰다.

동남아시아에서 주인 없는 식민지 문화재의 약탈과 밀반출이 성행했으리라는 것은 미뤄 짐작하기 어렵지 않다. 래치퍼드의 예처럼 독립 이후에도 폭력으로 점철된 내전과 정쟁으로 관리가 소홀한 틈을 타 이뤄진 밀반출 역시 막대했지만 말이다. 하지만 말로를 적발한 것도 프랑스 식민당국이었고, 적어도 표면적으로 인도차이나의 문화재는 보호를 받고 있었다.

캄보디아에서 태어난 최초의 유럽인이라고 알려진 조르주 그롤리에는 말로를 좀도둑이라고 비난하며 그의 체포를 주도한 인물이다. 그롤리에는 프랑스로 가서 교육을 받았지만 누구보다도 캄보디아 문화를 사랑했던 인물이다. 크메르어를 잘했

씨엠립 타 프롬을 조사하는 앙리 마샬과 그롤리에(캄보디아, 1910년). espats online 갈무리.

을 뿐 아니라《앙코르의 그림자: 고대 캄보디아 미지의 사원에
대한 인상》을 저술했다. 캄보디아 국립박물관을 설립하고, 캄
보디아 예술학교를 창설했으며, 말로와는 달리 파괴될 위험에
처한 캄보디아 문화재를 지키기 위해 노력했다. 2차 세계대전
말기 일본 점령기에 반일세력으로 의심받아 헌병에게 고문당
해 사망할 때까지 그는 캄보디아 미술의 반출과 파손을 막으려
최선을 다했다.

식민지 공간의
혼종성과 문화재 반환

제국과 식민, 문명과 야만이라는 이분법에 기반을 둔 식민 담론
으로 설명할 수 없는 것이 그롤리에 같은 사람이다. 캄보디아에

그롤리에가 그린 <크메르 댄스>, 1914. 위키미디어 코먼스 갈무리.

서 태어나고, 캄보디아에서 죽은 그롤리에를 제국의 아들로 볼 수 있는가? 식민주의의 거대담론에서 개인은 소멸된다. 양가성을 지닌 식민지 공간은 항상 변화하는 혼종적인 상태라는 탈식민주의 이론가 호미 바바의 말을 빌리지 않더라도 캄보디아 문화재를 둘러싼 두 프랑스인의 상반되는 태도는 오늘날 유랑하는 캄보디아 문화재의 현실을 직시하게 한다.

식민의 시대가 끝난 지금, 식민지의 상처에서 벗어나려는 캄보디아 사람들, 그리고 제국과 식민의 이분법에서 벗어난 '그롤리에의 후예'들이 문화재 반환에 대한 기본원칙을 새로 세우고 과거의 잘못을 바로잡으려 노력하고 있다. 그런 노력이 결실을 맺어 캄보디아는 일찍이 프랑스로부터, 근래에는 영국과 미국으로부터 자신들의 반출 문화재를 돌려받고 있다. 근대 이래 약소국가로서 영토를, 문화재를 지키지 못했지만, 캄보디아 정부와 국민의 지속적인 노력과 문화재 반환에 대한 국제적인 인식의 변화, 그에 입각한 기본원칙들이 힘을 더해준 결과, 문화재 반환이 가능했다. 프놈펜 국립박물관에서는 래치퍼드의 소장품과 최근 반환받은 문화재를 전시할 예정이라고 한다.

캄보디아만이 아니었다. 오랜 네덜란드 식민지였던 인도네시아도 같은 경험을 공유한다. 네덜란드는 인도네시아 자바에서 동쪽으로 세력을 확장해갔는데, 이때 각 지역을 지배하던 술탄에게서 받은 선물과 양도품, 때로는 점령 과정에서 약탈한 전리품을 대거 네덜란드로 실어 갔다. 그중에는 보로부두르 사원이 있는 중부 자바의 고대 신전이나 동부 자바의 사원에 안치되었던 조각들이 많다. 캄보디아 못지않게 상당히 많은 유물이 약탈에 준하는 방식으로 반출되었다. 고향에서는 신으로 모셔졌지만 네덜란드에서는 미술품으로 전시되는 운명에 처한 문화재가 한둘이 아니었다.

인도네시아에서 가장 유명한 조각인 반야바라밀보살상도 귀환 문화재이다. 고혹적인 자태로 뭇사람들의 시선을 잡아끄는 이 보살상은 1978년에 반환되었다. 1820년에 가져갔으니 160년만의 귀향인 셈이다. 13세기 자바 사람들이 추구한 이상적인 미를 보여주는 이 반야바라밀상은 현지에서 당시 동부 자바에 있

1978년 네덜란드에서 반환된 반야바라밀상. ⓒ 강희정

던 마자파힛 왕국의 첫 번째 왕비 가야트리 라자파트니 조각이라고 생각했다. 이 보살상을 돌려받았을 때 인도네시아 사람들의 감정은 남달랐을 것이다.

내부적으로 반대가 심했지만 문화재 반환을 통해 자신들의 도덕적, 문화적 우위를 드러내고자 했던 네덜란드 외교부는 마침 중도좌파 연합정권의 탄생을 계기로 반환을 실행에 옮겼다. 네덜란드 당국의 문화재 반환 시도는 경제적 이해에 따른 신식민주의적 발상이라고 비판받는 등 처음부터 그들이 대등한 관계는 아니었지만, 식민 지배 당시 무단반출한 문화재를 반환함으로써 상호 협력과 이해의 길을 넓힌 셈이다.

서구 식민지가 아니었던 타이도 예외는 아니다. 문화재 도굴과 반출은 동남아의 숙명 같은 것이었다. 미얀마, 라오스, 캄보디아와 국경을 접하고 있지만 국경선이란 것이 근대에 그어진 만큼 주민들의 왕래는 사뭇 자유로웠기에 각국의 도굴, 약탈 문화재가 타이를 통해 빠져나가는 일도 비일비재했고, 타이 유물의 밀반출도 빈번했다. 타이 정부는 2018년 770점에 달하는 미국과 영국, 오스트레일리아 저명 미술관의 환수 대상 유물 목록을 만들고, 이들이 불법 반출됐다는 증거를 제시하며 반출 문화재를 환수하려 노력하고 있다. 그간 반출 문화재에 대해 소극적인 자세를 유지해온 타이로서는 매우 큰 변화였는데, 이는 당시 문화부장관 위라 롯포짜나랏의 강력한 환수 의지가 반영된 것이다.

잦은 정쟁과 공권력 미비로 감시가 소홀한 틈을 타 동남아의 찬란한 문화유산이 유럽, 미국, 일본으로 팔려나갔다. 제국과 식민지, 부국과 빈국의 위계에서 벗어난 동남아 여러 나라는 적극적으로 자국의 문화재를 반환하라는 목소리를 높이고 있다. 국가나 시민단체가 양심적인 외국 인사들과 연대해 문화재 귀향을 추진하는 가운데 서서히 그 성과가 드러나는 중이다. 그렇지만 자신들의 국력이 약해서 이를 지키지 못했다는 마음속 상처가 아물기에는 아직 시간이 필요하다.

강희정

돼지저금통

5

자바에서 발견된 세계에서 가장 오래된
돼지저금통의 의미

수많은 여행프로그램과 〈정글의 법칙〉 속 동남아시아의 이미지는 여전히 부족 단위로 생활하는 저개발되고 정글로 가득 찬, 문명화가 덜 된 지역이다. 이런 시선으로 동남아를 바라보니 자연스레 '저개발'된 동남아에서는 상업이 발달하지 않았을 거라고 생각하는 사람들이 많다. 사실 이러한 우리의 이미지는 대부분 유럽 중심주의에 기반을 둔 제국주의적 시선이기도 하고, 또 다른 한편으로는 수백 년 동안 이어진 착취와 배제에 따른 식민의 유산이기도 하다. 그렇다면 동남아시아 지역에는 상업과 자본주의라고 불릴 만한 근사한 '돈'의 문화가 아예 없었던 것일까? 의외로 그 열쇠는 우리에게도 익숙한 돼지저금통에 있다.

서구 식민화
이전의 상업문명

지금이야 어린 자녀들에게 바람직한 저축과 소비습관을 교육하려는 목적으로 주로 활용되는 돼지저금통이지만, 사실 은행과 같은 기업과 근대적 금융제도가 정비되지 않은 과거 사람들의 상업 관행을 고려하면 돼지저금통은 특별한 의미를 띤다. 돼지저금통은 그들에게 돈을 모으는 행위에 대한 개념이 이미 정립되어 있었다는 것을 상징적으로 보여주는 존재다. 그리고 놀랍게도 현존 세계에서 가장 오래된 돼지저금통의 대부분이 바로 인도네시아 자바섬에서 대량 발견되었다. 이르면 1300년께의 것으로 여겨지는 자바섬의 돼지저금통은 이미 이 지역에 동전(혹은 금전, 은전) 형태의 화폐가 존재했고, 이를 모으는 습관이 있었다는 것을 보여준다. 주로 진흙으로 정교하게 돼지를 묘사한 이 유물들은 등 부분에 동전을 넣는 구멍이 있어 유럽 제국주의 진출 이전 동남아시아에 이미 '저금'이라는 중요한 상업 관행이 존재했다는 점을 추측하게 해주는 중요한 증거라고 할 수 있다. 돼지저금통의 존재는 동남아시아 지역에 대한 우리의 선입견을 자비 없이 깨부순다.

사실 1980년대까지만 해도 대부분의 학자들이 가진 동남아 인식 역시 지금의 우리와 크게 다르지 않았다. 장기간에 걸친 식민으로 경제적 기반이 거의 없고, 그 영향으로 정치적 격변이

자바 돼지저금통. 암스테르담 박물관 소장.

끊이지 않는 지역 정도로 생각했다. 무엇보다 서구 문명의 가
장 빛나는 성과인 자본주의와 그와 연계된 상업 관행은 오로지
서구의 전유물이라고 인식했기에 '미개한' 동남아시아 문명에
그러한 동력이 있었을 것이라고는 생각하지 않는 것이 일반적
이었다. 이러한 인식이 1990년대를 전후로 변화하기 시작한다.
동남아시아 주요 국가들이 정치적 격변을 어느 정도 극복하면
서 국가로서의 기능을 정상화하기 시작하고, 동북아시아를 포
함한 아시아 문명에 대한 새로운 인식이 국제사회에서뿐 아니
라 학술적으로도 진행되기 시작했기 때문이다.

그 와중에 유럽 국가들이 동남아시아를 식민화하기 이전에
이미 이 지역이 제 나름대로 문명을 형성하고 있었을 뿐 아니
라 심지어 그 수준마저 그리 낮지 않았다는 것이 다양한 경로로
밝혀지기 시작했다. 동남아시아는 이미 기원전부터 남아시아

와 중국을 잇는 중개지역으로 교역을 담당할 정도의 문명을 이룩했고, 그 전성기가 바로 서아시아 이슬람 상인 집단의 진출로 시작된 이슬람화 시기와 포르투갈로부터 시작된 유럽 진출 초기까지의 시기였다. 저명한 동남아시아 사학자인 앤서니 리드(Anthony Reid)를 비롯한 많은 학자들이 이른바 이 동남아시아 '상업의 시대(Age of Commerce)'에 주목해왔다.

이러한 연구들의 공통점은 동남아시아에도 자본의 유통과 축적과 같은 상업적 요소들이 있었다는 점을 강조하는 것이다. 그리고 그 가장 직접적이고 확실한 증거가 바로 지금까지도 각국에서 끊임없이 발굴되는 화폐의 존재다. 상업거래의 수단으로 물물교환이 아닌, 교환의 매개로 화폐가 존재했다는 것은 동남아시아 문명이 이룩한 상업적 발전 정도를 가늠하게 해준다. 흥미롭게도 그렇게 발견되는 다양한 화폐들 가운데 가장 일상적으로 사용되었으면서 많은 양이 발견되는 화폐가 바로 송(宋), 원(元) 시기 중국에서 주조·발행되어 해상 실크로드를 타고 동남아시아로 건너온 중국산 동전이었다.

중국에서
동남아로 건너온 동전들

사실 동남아시아는 이미 기원전부터 화폐를 쓰고 있었던 중국이나 인도 문명에 비해서는 화폐의 사용 시기가 상당히 늦은 것으로 알려져 있었다. 그나마 일찍부터 화폐가 사용된 것으로 예측되는 자바 지역의 경우 9∼10세기의 기록에 이미 다양한 목적의 화폐가 쓰였다고 하는데, 주로 금과 은, 혹은 철괴의 형태였다. 하지만 이러한 형태의 화폐는 지금 우리가 생각하는 화폐와는 거리가 있었고, 그 자체가 귀금속이었기 때문에 물물교환과 화폐거래의 중간 정도의 개념으로 사용됐다. 그런 이유로 초기 주조되어 사용된 자바 지역의 화폐는 일정한 규격과 금속 비중을 담보로 하는 일반적 형태의 금속화폐와는 달리 그리 흔하지도 않았고, 형태도 다양했다. 지금도 9세기 마타람 왕국에서 쓰였을 것으로 여겨지는 금으로 된 화폐를 비롯해 다양한 화폐가 속속 발굴되고 있지만, 사실 금, 은과 같은 귀금속은 당시 자바 지역의 경제 규모에서 일상생활에 사용하기에는 지나치게 가치가 높았다. 그렇기 때문에 학자들 역시 이러한 귀금속 화폐의 경우 주로 제사, 의례 용도나 중앙에 대한 지방의 세금 납부 목적으로 사용되었다고 해석하는 것이 일반적이다.

그러나 최근에는 여전히 논쟁적이기는 하지만 다양한 발굴과 적극적인 해석으로 인해 동남아시아 화폐의 사용 시기가 점차 거슬러 올라가는 추세다. 예를 들어, 타이 남부와 말레이반도 북부에 위치한 끄라비주에서 3∼5세기경의 유물로 추정되는 금전들이 발견되었다. 이 금전을 두고 초기에는 앞면에 확연히 새겨진 두상 때문에 로마 시대 금전으로 추측했다. 그러나 이후에 로마 시대 기념주화와는 그 형태가 약간 다르고, 뒷면에 인도 남부와 동남아시아에 널리 퍼져 있던 고대 브라흐미 (Brahmi) 문자 여섯 글자가 새겨져 있다는 점 때문에 스리랑카의 인도-로마 융합문화의 영향을 받은 것으로 해석했다. 그러다가 최근에는 고대 인도 사회에서 금전보다는 동전과 은화가 주로 사용되었다는 사실을 근거로 말레이반도 현지에서 생산한 고대 인도 동전의 카피본일 것으로 추정하는 연구들이 나오고 있다. 그 결과에 따라 동남아시아의 화폐 사용 시기가 더 당겨질 가능성이 있는 것이다.

소규모 상업거래 및 일상생활에서 화폐가 사용된 것은 좀 더 낮은 단위의 동전(銅錢, copper coin)이 송대 중국에서 대량으로 주조되고, 해상 실크로드의 바람을 타고 동남아시아로 건너오게 되면서부터다. 송은 중국 경제사에서 상업혁명이라 불릴 정도로 규모의 경제를 실현한 시기로 평가받는다. 대운하 건설 이후 본격화된 강남개발이 꽃을 피우면서 인구의 증가, 상업의 발달, 상품경제의 확산, 각종 상품의 다양화, 상인조직의 형성, 유통망 건설 등의 현상들이 대규모 동전의 주조와 함께 송 제국을 중국 역사상 가장 부유한 시기로 만들었다. 특히 항저우로 수도를 옮긴 이후 남송 시기에는 남부지역을 중심으로 남중국해를 건너는 해외 교역 활동이 활발해지면서 대량의 동전이 이슬람 상인들과의 교역, 혹은 푸젠 및 광둥 출신 중국 상인들의 상업적 역량을 바탕으로 흘러들어가 동남아시아의 경제를 뒤흔든다.

남송대 대송원보(大宋元寶) 동전. 금, 은에 비해 상대적으로 가치가 낮고 규격화된 동전의 사용은 이 당시 중국과 동남아시아 해양지역 상업의 규모가 좀 더 거대해짐과 동시에 그 관행이 일상생활에까지 영향을 미칠 정도로 정교해졌음을 방증한다. 특히 자바지역에는 이러한 수백에서 수만의 동전을 세기 위한 단어로 피시스(pisis)가 고안되기도 했다. 위키미디어 코먼스 갈무리.

송대 중국에서 출발한 동전이 어떠한 경로를 거쳐 동남아시아로 퍼지게 되었는지는 당시 동전을 품은 해저 침몰선의 분포를 보면 좀 더 선명해진다. 당시 송대 해관의 역할을 하던 시박사(市舶使)가 위치한 취안저우에서 출발했을 것으로 예측되는 정크(Junk)선들의 침몰 유적이 말레이반도 서남단의 믈라카 해협, 자바해로 이어지는 해저에 분포되어 있다. 이러한 분포는 당시 송대의 동전이 남중국해를 건너 말레이반도를 거쳐 자바로 흘러들어갔음을 보여준다. 그리고 이는 당시 말레이반도, 수마트라, 보르네오, 자바로 둘러싸인 동남아시아의 바다를 장악한 거대 정치체의 존재와 연관이 깊다. 9세기에서 14세기 말까지 이 지역의 헤게모니는 동남아시아 최초의 해상제국 스리비자야(Srivijaya)에 의해 장악되었고, 이후 그 패권이 스리비자야를 몰아내고 자바를 중심으로 해상제국을 건설한 마자파힛

키워드 동남아

송대 동전이 발굴된 해저 침몰선 분포.

(Majapahit)으로 이어진다. 그리고 믈라카 해협은 해역도시 믈라
카에 의해 장악되었다.

두 해상제국 시기를 거치면서 믈라카 해협과 자바 지역에 대
량의 동전이 흘러들어가고, 이를 통해 일정한 규격과 금속 비중
을 가진 화폐의 존재를 인식한 동남아시아 문명은 중국의 동전
뿐 아니라 중국을 따라 자체 주조한 동전(혹은 특산품인 주석으로 주
조한 화폐)을 활용함으로써 화폐사용이 일상화되는 시기로 접어
들게 된다. 중국산 동전은 금, 은에 비해 상대적으로 가치가 낮
고 형태가 규격화되어 있어 거래할 때 숫자를 세기 용이한지라
상거래에 널리 활용될 수 있었다. 동전의 사용은 이 당시 중국
과 동남아시아 해양지역 상업의 규모가 좀 더 거대해짐과 동시
에 그 관행이 일상생활에까지 영향을 미칠 정도로 정교해졌음
을 방증한다.

특히 동전이 적극적으로 사용된 자바섬의 경우 14세기 이후 거대 해상제국인 마자파힛 시기로 들어서면서 국가 규모가 커졌다. 그뿐 아니라 서아시아 및 남아시아의 이슬람 상인, 중국 상인과의 무역 규모 역시 증대하면서 국가 전체적으로 일상에서 쓰일 더 낮은 단위의 화폐가 필요하게 되었다. 중국에서 수입한, 또는 현지에서 중국을 따라 주조한 동전은 이후 국가에 대한 세금, 벌금, 빚, 무역거래, 소규모 상업거래 등 그 목적에 따라 세분화되어 유통된다. 거래 규모가 커지면서 수백에서 수만의 동전을 세기 위한 단어로 피시스(pisis)가 고안되기도 했다. 이전 귀금속 중심의 교환수단이던 화폐의 사용이 일상의 동전 유통으로 대체된 것이다. 자바 지역에서 이 시기에 동전을 저금하는 수단으로 쓰였던 돼지저금통이 발견된 것은 결코 우연이 아니다.

기원후 두 번째 천 년의 전반기에 동남아시아 해양부를 장악한 두 제국, 스리비자야와 마자파힛이 이러한 규모의 경제를 실행할 수 있었던 것은 당시 믈라카 해협이 서아시아 및 인도로부터 건너온 이슬람 문명과 중국의 해양문명이 교차하는 지역이었고, 자바섬의 북부지역이 이들 외부 상인들이 원하는 정향(말린 정향나무의 꽃봉오리)과 육두구(肉荳蔲, nutmeg. 육두구과의 상록활엽 교목의 씨앗) 등 향신료의 주요 생산지인 말루쿠제도(Maluku Islands, 향료제도)를 중개하는 위치에 있었기 때문이었다. 동남아는 이처럼 여러 문명을 잇는 '열린 지역'이었고, 무역을 중개하

키워드 동남아

1880년대 자바섬의 바자(시장) 풍경. 암스테르담 박물관 소장.

19세기 말 네덜란드령 인도네시아의 노점 상인. 암스테르담 박물관 소장.

는 과정에서 자연스레 상업도 발달했다. 무역의 확대가 전체 경제 규모를 증대시켰고, 그 속에서 상업에 종사하는 현지인들의 상업 관행을 좀 더 정교하게 만들었으며, 결국에는 화폐사용의 일상화를 불러온 셈이다. 이러한 양상들이 각종 고고자료의 발견과 문헌자료의 해석으로 선명해지면서 과거 동남아시아 지역의 상업 관행 연구를 바탕으로 동남아시아 문명에 대한 재인식이 꾸준히 이루어지고 있다.

김종호

6.

100원 동전이 둥근 이유는?

지금은 우리에게 너무나 익숙한 식재료가 사실 외부에서 수입된 것임을 깨닫는 일이 가끔 있다. 놀랍게도 그 가운데 상당수는 수백 년에 걸친 마닐라-멕시코 사이 경제 교류의 산물이다. 16세기 말 이후 옥수수, 감자, 토마토, 파인애플, 피망, 땅콩 등의 식재료가 당시 멕시코에서 필리핀 마닐라를 거쳐 동남아와 동북아로 퍼졌다. 또한 마닐라를 비롯한 필리핀을 여행해본 사람 가운데 여행에 능숙하고 눈썰미 있는 이들이라면 그들의 문화에 미묘하게 스며든 멕시코, 혹은 라틴적 요소를 포착하는 일도 있었을 테다. 16세기 중반 이후 수백 년 동안 스페인의 식민지로 광대한 태평양을 사이에 두고 긴밀하게 교류한 두 지역 간 관계를 이해하는 핵심 연결고리는 바로 은(銀)이다.

필리핀 루손섬의 항구도시 비간. 17~18세기 스페인에 의해 건설되어 필리핀 속 스페인으로 유명하다. 당시 갤리언 무역의 관문 항구였다. 유네스코 세계유산. 위키미디어 코먼스 갈무리.

포르투갈과
스페인의 등장

동남아시아가 고대 시기부터 지금까지 알게 모르게 상업으로 중요한 위치를 점하게 된 가장 중요한 이유는 그 특유의 지리적 위치 때문인데, 특히 외부 세력이 바닷길을 통해 중국을 비롯한 동북아로 향할 때 반드시 지나가야 하는 관문이었기 때문이다. 고대 동남아시아는 인도와 중국 문명의 교차점이었고, 이슬람 상인들이 동북아로 향하는 관문이었으며, 포르투갈로부터 시작된 유럽의 국가들이 동북아시아로 건너가기 전 먼저 점령하고 식민화한 지역이기도 하다. 또한 21세기 현재 서아시아의 석유가 동북아로 향하는 가장 중요한 통로 역시 여전히 믈라카 해협이다. 현재 세계에서 가장 큰 물동량을 자랑하는 무역 회랑 가운데 하나고, 싱가포르 번영의 이유이기도 하다.

그러나 동남아시아의 경제적 중요성은 단순히 지리적 요인에만 있는 것은 아니다. 현지에서 생산되는 특산품 역시 전 세계의 상인들을 불러 모으는 요소였다. 대륙부 동남아시아의 쌀과 목재, 자바 지역을 비롯한 해양부 동남아시아의 쌀과 주석, 해산물 등은 중국 상인들과의 오랜 무역을 가능하게 해준 효자 상품이었다. 거기에 중국의 비단, 도자기, 차, 남아시아 대륙의 면화와 후추, 계피 등의 향신료, 서아시아의 침향(침향나무에 천연적으로 분비된 수지가 덩어리 모양을 이루게 된 것으로 가루로 만들어 약재나 분향의 재료로 쓰임)까지 거래되면서 15~17세기 동남아시아는 말레이, 자바, 베트남 참족 등의 현지 상인과 중국, 아랍, 인도, 유럽 등의 외부 상인들이 경쟁하고 협력하는 국제시장(emporium)을 형성했다. 그중 서아시아의 이슬람 상인들과 유럽 상인들에게 가장 인기가 있었던 상품은 다른 무엇도 아닌, 검은 황금(black gold)이라 불리던 동남아시아 말루쿠산 정향, 육두구, 메이스 등의 향신료 3대장이다.

16세기 동남아시아는 변화의 시기였다. 해양부 동남아시아의 이슬람화가 본격적으로 진행되고 있었고, 11세기부터 시작된 대륙부 동남아시아의 상좌부 불교 전환이 베트남을 제외하고 대부분의 지역에서 마무리되어가고 있었다. 무엇보다 8~9세기 이후 이슬람 상인들이 동남아시아 및 동북아시아로 진출하며 시작된 해양 실크로드에 새로운 플레이어가 등장한 시기이기도 하다. 바로 유럽 이베리아반도의 두 나라, 포르투갈과

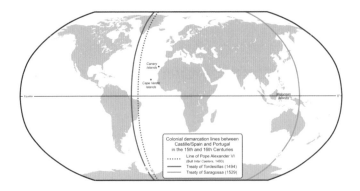

또르데시아스 조약(Treaty of Tordesillas)과 사라고사 조약(Treaty of Zaragoza)을 통해 구획된 15세기와 16세기에 카스티야/스페인과 포르투갈 사이의 식민지 경계선. 스페인과 포르투갈 사이에 그들이 발견한 새로운 항로와 땅을 두고 1494년, 1529년에 두 조약이 맺어졌다. 보라색의 또르데시아스 조약 이후 마젤란의 태평양 항로의 발견으로 새롭게 맺어진 것이 초록색의 사라고사 조약이다. 이 두 조약을 통해 두 국가는 세계를 둘로 나누어 서로의 권리를 결정했다. 푸른색 선의 서쪽은 포르투갈, 동쪽은 스페인의 구역으로 설정했다. 필리핀의 경우 이후 스페인이 조약을 무시하고 점령했는데, 당시 포르투갈은 향신료가 나지 않는 필리핀에는 관심이 없어 신경조차 쓰지 않았다. 위키미디어 코먼스 갈무리.

스페인이다.

유럽의 두 국가가 동방으로 진출하게 된 계기는 명백하다. 1511년 포르투갈의 함대가 믈라카를 무력으로 점령한 이후의 기록이 그 목적을 잘 보여준다.

"믈라카는 무어인(Moor, 무슬림)들이 매년 서아시아로 가져오는 모든 향신료와 약재의 집산지다. 카이로와 메카는 완전히 망할 것이고, 베네치아의 상인들은 우리 포르투갈을 통해서만 향신료를 구할 수 있을 것이다."

거의 1,000년에 가까운 시기 동안 이슬람인들이 장악하고 있던 해상 실크로드 속 최고의 상품은 남아시아 및 동남아산 향신료였고, 같은 시기 중세 유럽 상류층들의 입맛은 이 향신료에 매혹당해 있었다. 당시 후추, 계피, 정향, 육두구, 메이스 등의 향신료는 고기의 좋지 않은 냄새를 잡아주고 스튜의 맛을 내는 조미료였을 뿐 아니라 몸의 체온을 올려줘 약재로도 여겨졌으며, 고기가 상하지 않게 해주는 방부제였다. 당시 향신료는 유럽인들의 식문화를 결정했다.

문제는 이 향신료가 이슬람 상인들과 베네치아 상인들 사이의 독점공급을 통해서만 지중해로 유통되고 있었다는 것이다. 이슬람인들은 이러한 향신료의 산지를 유럽인들에게 절대로 알려주지 않았고, 유럽인들로서는 설사 짐작한다고 하더라도 막연하게 그들이 인도라고 뭉뚱그려 인식하는 동방의 어느 지역이라고만 알고 있었을 뿐이었다. 게다가 '지리상의 발견'이 이루어지지 않던 시기에는 동방과 유럽의 길목을 틀어쥐고 있던 강대한 이슬람 세력을 뚫고 건너갈 방법도 없었다. 무엇보다 향신료는 유통경로가 길고 독점공급이었던 관계로 그 가격이 같은 무게의 황금에 비할 정도로 비쌌다. 15세기 스페인과 포르투갈의 탐험가들이 왕족이나 귀족의 후원을 받아 끊임없이 동방으로 향하는 바닷길을 탐한 것에는 더는 금보다 비싼 돈을 주고 이슬람 상인들의 배만 불려주기 싫다는 이유도 있었다.

그 노력이 마침내 열매를 맺어 1492년 스페인의 후원을 받은 콜럼버스의 배가 대서양을 건너 아메리카 대륙에 닿았고, 1498년 뽀르투갈 왕의 후원을 받은 바스쿠 다가마의 함대가 리스본을 출발해 아프리카 대륙 최남단 희망봉을 돌아 인도 서부 해안 캘리컷에 도착하는 항로를 발견한다. 그리고 1521년 포르투갈인이지만 스페인의 후원을 받은 마젤란이 꾸린 함대가 아메리카 대륙을 지나 태평양을 건너 필리핀 세부섬에 도착했다. 마젤란은 세부에서 사망하지만, 그가 꾸린 함대의 동료들은 동남아시아와 남아시아를 지나 희망봉을 통해 이베리아반도에 도착함으로써 지구를 한 바퀴 돌게 된다. 이와 같은 대항해시대의 개막과 지리상의 발견을 통해 이슬람 상인들의 독점을 벗어난 유럽인들의 동방진출로가 열린 것이다.

멕시코에서
필리핀으로 온 은화

태평양 항로를 통해 아메리카 대륙과 필리핀을 연결할 수 있음을 알게 된 스페인은 지금의 멕시코 지역에 대한 식민지배를 완료하고 1571년 필리핀 루손섬의 마닐라를 점령했다. 이 당시 마닐라는 믈라카 못지않은 동남아시아 무역의 대항(大港)으로, 중국 상인, 동남아 현지 상인, 인도 상인, 이슬람 상인들이 모여 국제시장을 형성하고 있었다. 마닐라를 점령하고 정치적 지배자로 이들 다국적 상인들을 상대하게 된 스페인의 상인들이 동방의 귀중품을 구입하기 위해 지불한 화폐가 바로 은화였다. 포르투갈의 경우 반대급부로 지급할 만한 본국의 물품이 없어 주로 아시아 지역 내 중개교류를 통한 차익으로 무역 네트워크를 유지한 반면, 스페인의 행운은 그들이 점령한 멕시코와 페루에 수백 년을 써도 마르지 않을 대량의 은광이 매장되어 있었다는 것이다. 멕시코 현지인들이 아즈테카(아즈텍) 문명의 지도자들에게 대량의 은을 공물로 바치는 것을 목격한 스페인인들은 이 은광을 점령하고 본격적으로 채굴해 스페인 은화를 대량으로 주조하기 시작한다. 주조된 은화는 멕시코의 아카풀코(Acapulco)를 출발해 그대로 태평양을 건너 마닐라로 옮겨지는데, 마닐라에는 대량의 은화를 감당해줄 또 다른 상인 집단이 기다리고 있었다. 바로 당시 명(明)대 해금(海禁)을 뚫고 밀수를 하러 온 푸젠(복건)의 상인들이었다.

16, 17세기 중국 명대의 경제는 송대에 비해 더욱 그 규모가 거대해졌고, 그에 따라 국가에 대한 세금 납부 및 국내 상업거래를 위해서는 기존 동전보다 높은 단위의 화폐가 필요했다. 금보다는 흔하지만 동보다는 귀한 귀금속인 은이 주요 화폐로 활용되는데, 당시 명 조정은 모든 세금을 은으로 받는 일조편법(一條鞭法)을 시행하고 있었다. 그리고 이러한 은을 통한 세금 납부는 이후 청대에도 지정은제(地丁銀制)라는 이름으로 그대로 이어져, 16세기 이후 수백 년 동안 중국은 전 세계로부터 끊임없이 은을 흡수한다. 영락제 말부터 명대의 대외정책은 명백

히 해금을 포방하고 있었지만, 일찍부터 바다를 통한 무역거래를 주요 수입원으로 하고 있던 푸젠의 상인들은 해금을 무시하고 밀수에 몰두하는데, 그 주요 거래처가 바로 마닐라였다. 스페인 상인들이 가지고 오는 대량의 은화 공급은 중국 대륙의 은 수요와 만나 막대한 부를 푸젠 상인들에게 가져다주었다. 1700년대 말 마닐라 전체 인구 4만 2,000명 가운데 1만 5,000명이 중국계 상인 및 기술자, 노동자 그룹이었을 정도였다.

정크선을 타고 남중국해를 건너오는 푸젠의 상인들과 갤리언선을 타고 태평양을 왕복하는 스페인 상인들은 마닐라에서 조우했고, 은화를 매개로 상업거래를 진행했다. 이른바 갤리언 무역이다. 1748년 스페인 갤리언 무역의 항로를 그린 해도를 보면, 크게 세 개의 코스가 있다. 하나는 마닐라에서 아카풀코로 가는 항로이고, 또 다른 코스는 아카풀코에서 괌을 거쳐 세부로 들어오는 항로이다. 그리고 마지막 코스는 아카풀코에서 바로 중국으로 향하는 항로이다. 이 당시 청조는 외국인의 입항을 금지하고 있었으니 아마 마카오로 향하는 항로였을 것이다.

또 한 가지 흥미로운 지점은 교회의 역할이다. 스페인이 마닐라를 점령한 이후 가장 먼저 한 일은 중심 지역을 성벽으로 둘러싼 요새(fort)로 쌓는 것과 각지에 교회를 세우는 것이었다. 요새를 사이에 두고 배가 정박하기 쉬운 지역인 비논도(Binondo) 지역에는 공식적으로 중국인 마을을 조성해주었는데, 현존하는 가장 오래된 차이나타운으로 불린다. 무엇보다 교회의 역할

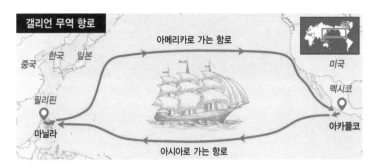

갤리언 무역 항로. <한겨레> 제공.

이 중요했는데, 교회는 종교를 통한 현지인 지배를 위한 것이기도 했지만, 탄탄한 재정을 바탕으로 당시 스페인 상인들의 갤리언 무역에서 고리대 업무를 담당하기도 했다. 20~30%의 높은 이율로 은화를 스페인 상인들에게 빌려주고 그들이 동방의 물품을 싣고 태평양을 왕복해 아카풀코에서 물품에 대한 대금으로 은화를 잔뜩 가지고 오면 이득을 취하는 구조였는데, 이는 태평양 항로를 이용한 무역이 전형적인 '하이 리스크 하이 리턴' 사업이었기 때문이다.

태평양 항로는 그리 안전한 항로가 아니었다. 항로에 나섰다가 선원들이 달아나거나 배가 난파될 수도 있었고, 해적을 만나면 속수무책으로 물건을 털리기도 하는 무법의 항로였다. 실제로 유럽 상인들이 이러한 장거리 항로가 가지는 위험부담을 줄이고 손해를 최소화하려고 고안한 제도가 동인도회사로 대표되는 주식회사와 보험업이다. 그럼에도 교회가 고리대업을 병

1739년 멕시코에서 주조된 스페인 은화. 펠리페 5세의 문양과 스페인 왕가의 상징이 새겨져 있다. 위키미디어 코먼스 갈무리.

필리핀의 국민영웅 호세 리살(Jose Rizal)의 얼굴이 새겨진 필리핀 1페소(peso). 필리핀의 페소 역시 스페인 은화의 영향이다. 위키미디어 코먼스 갈무리.

행한 이유는 일단 무역선이 항로를 따라 왕복하는 데 성공하기만 하면 막대한 이익을 가져다주는 거래였기 때문이었다.

결과적으로 이 루트와 제도를 통해 대량의 은화가 수백 년 동안 중국으로 흘러들어가게 되는데, 이 은화가 명청 시기 중화제

1734년 스페인령 마닐라 도시 지도. 위키미디어 코먼스 갈무리.

국의 번영을 이끈 핵심요소다. 많은 학자들이 세계 경제체제의
시작으로 이러한 갤리언 무역을 꼽는 것은 바로 서로 다른 문명
사이의 연결성 때문이다. 청말 시기 심지어 중화민국 초기까지
17, 18세기에 스페인이 멕시코에서 주조한 은화가 유통되는 모
습을 보인다. 독수리 문양이 새겨진 은화, 당시 왕의 두상이 새
겨져 있는 은화 등 그 종류도 다양했고, 청말과 중화민국의 권력
자들 역시 이러한 스페인 은화를 모방해 둥근 은화를 주조하기
시작한다. 중국의 화폐단위인 위안(元), 일본의 엔(円), 한국의

원(圓)이 발음은 다르지만 모두 둥글다는 의미를 가지는 것 역시 바로 이 스페인 은화의 모양으로부터 시작한다. 16세기 주조된 스페인 은화는 이후 전 세계 은화와 동전의 표준이 되었다.

갤리언 무역은 19세기 멕시코의 독립으로 끝이 나지만, 독립한 멕시코가 자체적으로 주조하고 발행한 멕시코 은화는 여전히 마닐라를 거쳐 중국으로 공급되고 있었다. 멕시코 은화를 매개로 한 스페인의 갤리언 무역은 수백 년 동안의 마닐라-멕시코 교류를 이끌었고, 무역은 자연스레 경제적 교류뿐 아니라 인적 교류, 문화적 교류로 이어졌다. 이것이 필리핀의 문화가 라틴적 분위기를 강하게 풍기는 주요 원인이라고 할 수 있다. 그리고 대량으로 들어온 은화는 중국으로 향할 뿐 아니라 일부는 동남아시아로 흘러들어가지만, 일시적으로 영향을 끼치는 데 그친다. 유입이 제한적이었던 데다가 얼마 뒤 네덜란드가 진출했기 때문이다.

김종호

황금

7.
신드바드가
동쪽으로 간 이유는?

미지의 세계를 찾아 떠나는 신드바드의 모험은 손오공 이야기만큼 흥미진진하다. 각각 신드바드는 아랍, 손오공은 중국을 대표하는 모험가인 셈이다. 그런데 신드바드의 신드(Sindh)가 서북 인도, 정확히는 오늘날의 파키스탄 한 지역을 뜻하며 이것이 '힌두'의 어원이라는 사실은 잘 알려지지 않았다. 신드바드는 고향인 아라비아반도 소하르에서 인도를 향해 배를 타고 모험길에 나섰다.

'바깥세상을 알고 싶어서' 떠난 그는 미지의 세계에서 7번의 모험을 한다. 모험 중 세 번째는 식인종들의 섬에 난파했다가 도망치는 이야기이다. 신드바드의 이야기는 물론《천일야화》에 실린 허구이지만 이 식인종의 섬이 오늘날의 니코바르제도를 모델로 했다는 주장도 있다. 니코바르제도는 안다만제도와

황금의 땅, 수완나부미로 불렸던 동남아시아에는 금빛 불교 사원들이 많다. 미얀마 바간에 12세기 지어진 쉐지곤 스투파. ⓒ 강희정

함께 아라비아, 인도에서 동남아로 들어가는 초입에 해당한다. 11세기에 인도 촐라왕국에 점령당한 이후, 인도계 언어를 쓰고 행정적으로 인도 연방에 속한 섬들이지만 지리적으로나 문화적으로는 동남아에 가깝다. 인도네시아 서북방의 아체에서 불과 150킬로미터 떨어져 있고, 미얀마에서도 190킬로미터 거리에 있기 때문이다. 인도에서 1,000킬로미터나 떨어져 있는데도 인도 연방인 니코바르제도는 단적으로 동남아의 역사, 문화적 성격을 암시한다.

인도 고대 문헌 속
황금의 땅 '수완나부미'

증기선이 개발되기 전까지 배를 이용한 지역 간의 이동은 제약
이 많았다. 오랜 항해를 견딜 수 있는 튼튼한 선박을 만드는 것
도 망망대해에서 항로를 제대로 찾아가는 것만큼 중요했다. 이
런 조건이 갖춰지기 전까지 가장 안전한 방법은 근거리 항해였
고, 되도록 육지 가까이 항해하다가 적당한 항구에 내려 물과
식량을 보충하고 배를 수선해 다음 목적지에 가는 식으로 장거
리 항해를 했다. 인도, 스리랑카에서 동남아 방면으로 갈 때 거
쳐 가는 곳이 바로 이 안다만·니코바르제도였다. 신드바드가
외국에서 물건을 사다 팔며 이문을 얻기 위해 항해를 한 방식도
이런 근거리 항해였기에 니코바르제도가 그의 모험담 속 배경
이었다는 주장이다. 신드바드 역시 바닷길 교역의 일원이었던
셈이다. 이미 9세기에 쓰인 중국과 인도의 여행기에 안다만제
도에 식인종이 산다는 기록이 나오기도 하지만 신드바드가 안
다만제도와 가깝게 붙어 있는 남쪽 니코바르제도에서 난파했
다는 추정은 비단 식인종 때문만은 아니다. 《천일야화》에는 신
드바드가 여기서 향료의 일종인 단향 등을 구해 귀국했다는 이
야기가 이어진다. 동남아는 아랍과 중국에서 귀하게 여긴 값진
향료와 염료의 산지이기도 하다.

　신드바드의 배는 왜 인도에 머물지 않고 동남아로 향했을

까? 여행기와 모험담에 나오는 동남아는 다종다양한 위험이 도사린 곳이지만 동시에 일확천금의 땅이기도 했다. 동남아가 '열대' '미개' '원시'의 땅이라는 상상은 근대의 것이다. 이국인들에게 동남아는 일찍이 '황금의 땅'으로 알려졌다. 정말 황금이 나오는가, 황금을 구할 수 있는가는 중요하지 않다. 아랍에서, 혹은 인도에서 동남아로 떠난 사람들에게는 동남아가 황금의 땅이라는 이미지가 각인되어 있었다. 흔히 동남아의 고대 문명, 동남아의 역사시대는 인도인들이 기원전 2세기부터 대거 혹은 간헐적으로 이주함으로써 시작됐다고 한다. 이를 '동남아의 인도화'라고 한다. 조르주 세데스(George Cœdès)라는 프랑스 학자가 처음 주장한 '인도화'는 고대 동남아 문명에 미친 막대한 인도의 영향을 말해준다.

인도 사람들은 왜 제 나라를 떠나 앞다퉈 배에 올랐을까? 이 시기는 인도에서 전쟁이 빈번했던 때이다. 오늘날의 중국 간쑤(감숙)성 치롄(기련)산맥 일대를 근거지로 삼았던 월지족 일부가 흉노에게 밀려 박트리아와 페르가나 지방으로 이주하자 그곳에 살던 샤카족이 다시 간다라 지방으로 쫓겨났다. 석가모니가 이 샤카족 출신이다. 월지의 한 부류인 쿠샨족이 기원전 1세기에 쿠샨 왕조를 세우는 것으로 유목민족의 연쇄 이동은 일단락되었다. 이는 먼저 거주하고 있었던 인도인들의 동남아 이주를 촉진했다. 그러면 이들은 왜 서쪽으로, 아라비아반도 방면으로 가지 않고 동쪽 동남아로 방향을 잡았던 것일까? 북방에서 이

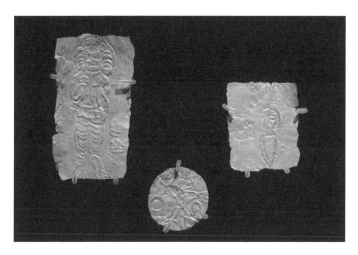

사금을 채취해 얇은 금판을 만들고 인물이나 불상, 혹은 글자를 새겨 넣었다. 4세기, 베트남 옥 에오 출토, 베트남 안장성 박물관 소장. ⓒ 강희정

주하는 유목민족의 압박도 컸고, 인도의 지리, 지형, 정치적 요건들도 관계가 있지만 무엇보다 동남아에 대한 환상이 컸다는 데도 원인이 있다.

인도 고대 문헌에는 동남아에 '황금의 땅(수완나부미, Suvarnabhūmi)', 혹은 '황금의 섬(Suvarnadvīpa)'이 있다고 했다. 팔리어로 쓰인 석가모니 본생담(本生譚) 중의 《마하자나카 자타카(Mahājanaka Jātaka)》와 상좌부 불교 성전 《마하 니데사(Mahā Niddesa)》가 그것이다. 또 구나디아가 지은 인도 고대 서사시 《브리하트카타(Brihatkathā)》에도 동남아로 향하는 뱃길과 함께 수완나부미 이야기가 나온다. 하지만 과연 황금의 땅이 어디일까? 대체 어디를 황금의 땅이라 불렀을까? 고대 인도인들이 막연하게 미얀

마 남부나 타이 남부, 혹은 말레이반도를 수완나부미라 불렀다
고도 하고, 기원 전후 사람들은 오늘날의 말레이반도, 혹은 인
도네시아 수마트라를 말한 것이라고도 했다. 이들의 추정이 맞
는 것일까?

로마 천문학자이자 지리학자인 클라우디오스 프톨레마이
오스(83~168)는 로마와 고대 페르시아의 지명사전을 바탕으로
《지리학(Geographike Hyphegesis)》을 저술했다. 프톨레마이오스 역
시 동남아 어디를 황금반도(Golden Khersonese)라고 지칭했는데 훗
날 학자들은 이를 말레이반도, 혹은 수마트라라고 비정했다.
멀리는 로마까지도 동남아 어딘가에 황금의 땅이 있다는 소문
이 돌았던 셈이다. 대체 황금의 땅은 어디일까? 정말 황금이 많
기는 했던 것일까?

수완나부미,
방콕 국제공항의 이름

아마도 수완나부미라는 이름을 보는 순간 타이 방콕을 떠올리
는 사람이 많을 것이다. 그렇다. 방콕 국제공항의 이름이 수완
나부미(수완나품)이다. 그러면 방콕이 황금의 땅일까? 방콕 국
제공항은 2006년에 개항했으니 원래 수완나부미라 불리던 곳
이 아니다. 방콕에 동남아의 허브 공항을 만들기 위해 처음 땅
을 매입한 것이 1973년이고, 이때 수완나부미란 이름을 붙였을

뿐이다. 그러면 타이는 왜 옛 지명을 버리고 이런 이름을 붙였을까? 황금의 땅이라는 명성을 언제 처음 얻었는지는 명확하지 않지만 타이가 수완나부미를 공항 명칭으로 차용한 데는 분명한 이유가 있다. 동남아에 처음 불교가 전해진 곳이 수완나부미이기 때문이다. 불교 경전《밀린다팡하(彌蘭陀王問經)》와 스리랑카의 역사서《대사(大事, Mahavamsa)》에는 인도 마우리아 왕조의 아쇼카(아소카)왕이 소나와 웃타라라는 두 승려를 보내 동남아에 불교를 전했다는 내용이 실렸다. 즉 황금의 땅, 수완나부미는 불교가 최초로 전해진 곳이다. 국교는 아니지만 국민의 90%가 불교 신자인 타이가 불교 종주국으로서 긍지와 자부심을 갖기에 이보다 더 적합한 이름은 있을 수 없다. 처음 불교가 전해진 나라, 불교국가로서의 타이라는 자긍심을 수완나부미 공항에서 먼저 만나게 되는 것이다.

실제로 금은 동남아 여러 곳에서 난다. 미얀마 중부, 타이 푸껫과 말레이반도, 중부 베트남과 캄보디아, 필리핀 루손, 인도네시아 수마트라 중서부 등에서 금이 난다. 인도와 지리적 거리가 먼 필리핀이나 보르네오를 기원전부터 수완나부미라고 불렀을 가능성은 낮다. 아마도 푸껫을 포함한 말레이반도 중부, 오늘날 타이와 말레이시아 접경지대가 '황금의 땅'이라고 불렸을 것이다. 서아시아나 인도에서 배를 타고 동진했을 때 먼저 닿는 곳이 이곳이고, 고대부터 이 지역이 교역항으로 번창했다는 고고학적 증거들이 충분히 이를 입증한다. 오늘날도 인도 결

금판을 만드는 미얀마 장인들. 앰퍼샌드 트래블(ampersandtravel.com) 갈무리.

혼 시즌에는 전 세계 금값이 들썩인다고 할 정도이니 예나 지금이나 금은 많은 사람을 끌어당기는 자석 구실을 했던 것이다.

수완나부미가 어디였다고 확언하기는 어렵지만 동남아 고대 유적에서 금은 심심치 않게 발굴된다. 인도와 가장 가까운 미얀마에서 멀리는 베트남 남부에 이르기까지 작은 파편이지만 금붙이를 찾기는 어려운 일이 아니다. 황금 불탑과 불상의 나라 미얀마는 말할 것도 없고, 타이 카오 삼 깨오와 베트남 남부 옥 애오, 호이안 유적에서는 기원전 3세기의 금붙이가 발견된다. 동남아 최고(最古)의 유적인 옥 에오에서는 마르쿠스 아우렐리우스의 금화와 3~4세기께의 금 구슬, 얇은 판금 세공품이 발견됐다. 옥 에오는 기원전부터 활발했던 동서 교류의 현장이었다.

아마도 초기 역사시대까지는 대량의 금광을 찾는 것이 쉬운 일은 아니었고, 대개 사금을 물에 일어 추출하는 방식을 썼을 것이다. 지금은 상업적으로 가치가 별로 없어 쓰지 않는 방식이지만 당시로서는 특별히 전문적인 기술이 없이도 금을 구하는 방법이었다. 8세기의 인도 문헌 《사마라이차카하(Samaraiccakaha)》에는 수완나부미에서 금이 잔뜩 섞인 모래로 벽돌을 만들어 배에 싣고 돌아왔다고 했다. 이는 금을 찾아 떠난 사람들이 별다른 처리 없이도 사금을 안전하게 인도로 가져가기 위해 고안한 방편이었다.

　　중국 고대 사서 《진서(晉書)》에는 동남아 최초의 고대국가 푸난(扶南)이 말레이반도까지 영토를 확장하고 있었으며, 각지에서 나오는 금에 세금을 매겼다고 썼다. 푸난은 캄보디아에서 타이, 말레이반도 인근까지 동남아 대륙부를 지배한 강대한 나라였다. 《남제서(南齊書)》에는 푸난 사람들이 금으로 팔찌를 만들어 차고, 은그릇을 썼다고 나온다. 수완나부미라는 이름이 여기 나온 것은 아니지만 황금이 많이 나는 땅이라고 생각하고 있었음은 분명하다.

여전히 동서로
열린 동남아

동남아 현지에서는 인도의 고대 문자들이 종종 발견된다. 발견된 문자들을 통해 인도사람들이 동남아에서 금을 채굴하고 가공했던 흔적을 찾을 수 있다. 타이 끄라비에서 발견된 3세기께의 도구 중에는 위대한 금세공 장인을 뜻하는 '페룸 파탄'이라는 인도 남부 타밀 문자가 새겨져 있음이 확인됐다. 인도의 11세기 문헌에서는 수완나부미에서 가져온 금을 은이나 구리가 섞인 정도에 따라 붉은 금, 백금으로 다르게 분류해 쓰기도 했다. 금에 대한 사람들의 집착은 금을 발견하고, 순도 높은 금을 만들기 위한 다양한 기술의 발전을 낳았다. 그 첫째 조건인 '금의 발견'이 수완나부미에서 가능했다면 너나없이 동남아로 향하는 배를 띄우는 것이 당연한 일이었을 것이다. 신드바드가 동쪽으로 간 까닭은 금은보화의 유혹 탓이다. 수완나부미는 모험가의 환상을 부채질하기에 충분한 이상향이었다. 금에서 시작된 동서교류는 동남아가 동서로 '열린 지역'이었기 때문에 가능한 일이었다.

강희정

주석

8.
광산 따라 이주한 정화의 후예들

인도네시아에는 천혜의 자연을 바탕으로 한 관광지가 발달했다. 옥빛으로 빛나는 바다와 새파란 하늘, 고운 흰 모래가 세파에 지친 사람들의 발길을 잡아끈다. 어떤 사람들은 서핑을 즐기고, 또 어떤 사람들은 스노클링과 스쿠버 다이빙을 즐긴다. 인적이라고는 찾아볼 수 없는 무인도로 배를 타고 호핑 투어를 떠나기도 하고, 굳이 해양스포츠에 몸을 던지지 않고 한갓지게 펼쳐진 바닷가에서 독서를 즐길 수도 있다. 근래 새로 개발되어 아직 때 묻지 않은 관광지 중 한곳이 벨리퉁(블리퉁)이다. 수마트라 동쪽 끝에 자리한 큰 섬 방카(Bangka)와 가까운 곳에 있다. 방카는 제주도의 6배 정도 크기이지만 현재도 세계 주석 사용량의 3분의 1에 이르는 양을 채굴하는 유명한 주석 산지이다.

방카에서 비행기로 약 40분 거리에 있는 벨리퉁은 인도네시

하얀 백사장과 비취색 바다가 절경을 이루는 벨리퉁. ⓒ 강희정

아 국민영화 〈무지개 분대〉(2008)의 배경으로 유명해진 아름다
운 섬이다. 영화는 마을 주민들이 종사하던 광산업이 몰락하자
가난 때문에 아이들을 돈벌이로 내몰면서 벌어진 일화를 담고
있다. 벨리퉁 역시 주석광산이 주산업이었던 까닭이다. 요즘 핸
드폰 등 전자제품의 필수 금속이 되면서 다시 주석 열풍이 불었
지만 한동안 주석광산은 사양 산업이었다. 중국인 이주노동자
가 주석을 집중적으로 채굴했던 까닭에 방카와 벨리퉁은 인도
네시아의 다른 어느 지역보다 중국계 이주민들의 후손이 많이

오색 깃발이 휘날리는 벨리퉁의 중국식 사찰 복덕사. ⓒ 강희정

살고 있다. 중국 이주민의 후손이라고는 해도 중국어를 잊어버려서 못 하는 경우도 있고, 현대 표준어인 만다린과는 달라서 소통에 어려움을 겪기도 한다.

이주노동자의
향수를 달래준 사원

그런데 전통과 문화라는 것은 오랜 흔적을 남기는 것이어서 분명 중국식 목조건물이나 목조건물을 흉내 낸 사찰도 현지에 몇 곳이 있는데, 복덕사가 대표적이다. 이 사원 울타리에 티베트나 네팔에서 볼 수 있는 오색 깃발인 룽따가 휘날리는 것을 보면 분명 불교사찰이다. 사찰 정면에 우스꽝스러운 두 기의 노란 탑을 세운 것을 보면 더더욱 그렇다. 대웅전에 해당하는 중심 건물에는 복덕사(福德祠)라는 현판도 걸었다. 절을 뜻하는 사(寺)가 아니라 사당에 가까운 사(祠)를 쓴 데서 짐작할 수 있듯이 우리가 알고 있는 한국이나 중국의 절과는 너무나 차이가 크다. 내부에는 아담한 관음보살도 있고, 포대화상(미륵보살의 화신으로 추앙받아 신격화된 중국의 고승)도, 공자도, 관우도 있다. 유·불·도 삼교가 모두 모였다고나 할까? 그렇다고 해서 이런 사원이 방카와 벨리퉁에 보편적인 것은 아니다.

낯선 곳에서 고된 주석 채굴에 시달린 중국인 이주노동자들의 향수를 달래주는 데는 역시 종교가 중요한 역할을 했을 것이다. 방카에는 주석 채굴의 역사를 보여주는 주석박물관이 있다. 오래전부터 외지인들이 이곳 섬들을 주목하게 된 것은 현지인들이 은처럼 빛나는 장신구를 하고 있었기 때문이었다. 대양을 오가다 이 섬에 들른 외지인들은 이것이 은이라고 생각했다. 비극이라면 비극이다. 안온했던 현지인의 평화가 깨지고 외지인들이 밀려오게 된 원인이 된 까닭이다. 명나라의 역사서인 《명사》에는 방카를 마엽옹(麻葉甕)이라 지칭하고 1405년 마엽옹이 사신을 보냈으나 조공을 하지 않았다고 했다. 방카와 벨리통을 알고 있었으나 아직 주석 산지라고 알려지지는 않았던 모양이다.

광활한 동남아의
주석벨트

방카나 벨리통만이 아니다. 동남아의 주석벨트는 멀리 미얀마에서 타이, 말레이반도, 인도네시아에 이르는 실로 광활한 지역에 퍼져 있다. 대략적인 규모로 보면 길이가 2,800킬로미터, 폭이 400킬로미터에 이를 만큼 광대하다. 미얀마의 산 고원에는 은, 구리, 납, 아연 광상(광산이 될 수 있는, 각각의 광맥이 넓게 섞여 펼쳐진 곳)이 있어 기원전부터 개발이 되었다. 이 일대에서 대각선 방향으로 말레이반도를 거쳐 인도네시아 자바까지 비슷한 지질로 구성되어 있어 금, 은, 주석 광상이 상당히 넓은 지역에 분포되어 있다. 아마도 '황금의 땅' 수완나부미가 저마다 다른 지역이라고 주장하는 데는 이런 광상의 분포가 한몫했을 것이다.

사실 주석을 채굴하는 일은 고된 노동의 연속이다. 무엇보다 종일 물에 발을 담그고 있어야 한다. 그것도 맑은 물이 아닌 흙탕물이다. 동남아 주석벨트의 주석은 철광석이나 석탄처럼 땅속을 파고들어가는 광산에서 캐는 것이 아니다. 동남아의 주석벨트는 대부분 표사광상(漂砂鑛床)이라 강이나 바다 속 충적토에 주석알갱이들이 섞여 있다. 그러니 사금을 캐듯이 흙을 떠서

네덜란드 식민지 시절 주석을 채굴하는 중국인 노동자와 네덜란드인 감독관 그림. ⓒ 강희정

물에 일어야 얻을 수 있다. 말레이시아에서는 처음에 괭이로 흙을 파내 이를 강물에 씻어가며 주석 알갱이를 골라냈다가 점차 기계의 힘을 빌려 대규모로 흙을 파고 물로 흘려보내는 방식을 썼다. 보통 광석을 곡괭이로 캐내는 것에 비하면 이만저만 손이 가는 일이 아니다. 그러니 대규모로 인력이 동원되었고, 인력 대다수는 중국에서 건너왔다. 방카와 보르네오, 말레이반도

페락 등지의 주석광산이 알려지자 청나라 장삼이사들이 앞다 퉈 동남아행 배를 탔다. 기근과 각종 민란으로 배를 곯던 이들 이다.

주석과 양철, 백색 골드러시

마침 이때 나폴레옹 전쟁으로 전투가 끊이지 않던 유럽에서 병 사들에게 제공할 전투식량을 오래 보존할 목적으로 통조림이 발명되었다. 병조림이 먼저 개발됐으나 쉽게 깨지는 병과 달리 어지간해서는 부서지지 않는 통조림은 마치 전쟁을 위해 태어 난 것 같았다. 바로 이 통조림 캔의 재료로 주석이 쓰였기 때문 에 주석의 수요가 다락처럼 높아져 너나없이 주석 개발에 뛰어 들었다. 금을 찾아 미 서부로 몰려들던 것에 비유해 이 열기를 '백색 골드러시'라고 부를 정도였다. 주석 원광이 흰빛을 띠기 때문에 '백색'이 앞에 붙은 것이다.

  우리에게도 주석은 낯설지 않다. 한때 동남아 관광기념품으 로 인기 있던 주석 컵이나 쟁반 때문이 아니다. '바께쓰'라고 부르던 양동이, 각종 세공품의 재료인 양철이 바로 철판에 주석 을 입힌 것이다. 단단한 강철에 주석을 입힘으로써 철의 가장 큰 단점인 녹이 잘 슬지 않고, 납땜을 하기도 쉬워져 폭넓은 용 도로 쓰이게 되었다. 양철 역시 개발되자마자 전 세계로 퍼졌기

쿠알라룸푸르의 상징이 된 쌍둥이 빌딩 페트로나스 타워. ⓒ 강희정

에 《오즈의 마법사》에도 양철 나무꾼이 나오고, 《뜨거운 양철
지붕 위의 고양이》, 《양철북》도 나올 수 있었다. 우리나라 지붕
이나 담벼락을 덮곤 했던 양철도 아마 동남아에서 생산한 주석
을 썼을 것이다. 주석이 먼 곳에 있지 않듯 동남아도 먼 곳에 있
지 않았다.

　통조림과 양철의 인기가 떨어지면서 주석 수요도 급격하게
줄었다가 근래 전자제품용 땜납, 핸드폰 등으로 그 수요가 다시
급증하고 있다. 원래 주석 채굴과 가공으로 유명한 기업이 말레
이시아의 로열 슬랑오르(Royal Selangor)라는 회사이다. 슬랑오르

　　　　　　　　　　　　　　　　　　　　　키워드 동남아

라는 이름은 말레이시아 13개 주 가운데 하나에서 따온 이름인데 이곳은 17세기부터 네덜란드가 주석 교역을 독점했던 지역이다. 지금은 말레이시아의 상징처럼 유명해진 쿠알라룸푸르의 페트로나스 트윈타워는 세계에서 가장 높은 쌍둥이 빌딩이다. 한일 합작으로 건설해 우리에게도 친숙한 페트로나스 타워는 마치 거대한 금속제 첨탑처럼 보인다. 타워의 외벽을 스테인리스와 유리로 덮은 것은 주석의 매끈한 질감을 나타내기 위해서라는 설도 있다. 그만큼 말레이시아에서 주석은 중요한 자원이고, 쿠알라룸푸르가 주석으로 일어선 도시라는 것을 일깨워준다.

수완나부미나 황금반도나 사실 신기루 같은 말이다. 엘도라도랑 다를 게 무엇인가? 그럼에도 그토록 오랜 시간 동안 인도나 아랍 사람들이 황금의 땅을 찾아 동남아로 항해한 것은 보이지 않는 파랑새를 찾기 위해서가 아니다. 그들이 미지의 땅에서 실제로 얻는 소득이 있었기 때문이다. 가장 확실한 소득은 금속이었다. 주석벨트의 광상은 주석만이 아니라 금, 은과 철을 모두 포함한다. 중국 기록에는 베트남 중부에 있었던 짬족의 나라 임읍(林邑)에서 445년에 금 1만 근, 은 10만 근, 구리 30만 근을 보냈다는 기록이 나온다. 이때 한 근을 얼마로 보든지 막대한 양이었다는 것은 분명하다.

동남아의 바다를 누비던 곤륜박,
종

2003년 이를 뒷받침하는 수중 발굴이 있었다. 인도네시아 자바섬 치르본(Cirebon) 앞바다에서 발견된 난파선에서 철을 비롯해 엄청난 양의 주석괴, 납괴가 나왔다. 함께 발굴된 중국 화폐로 미루어 대략 970년경에 난파된 것으로 추정되는 이 배는 길이가 30미터에 이른다. 배는 믈라카 인근 지역에서 건조됐을 것으로 보고 있다. 25만 점의 발굴품 중 도자기가 65%에 이르며, 다양한 유리 제품도 있었다. 수하물로 짐작건대 중국과 수마트라, 말레이반도에 이르는 넓은 해역을 오가며 교역을 했을 이 배는 '열린 지역으로서의 동남아'를 여실히 보여준다. 발굴된 주석괴와 납괴는 인도네시아 산물로 추정된다. 그 형태와 크기가 일정해서 이미 이 시기에 광물을 거래하기 위해 얼마간 광물의 규격화, 표준화가 이뤄져 있었음을 시사한다. 다양한 금속괴들은 금속의 함량을 일정하게 맞추는 제련과 이 과정을 거쳐 얻어낸 금속을 일정한 크기의 괴로 만드는 주물 기술이 상당한 수준에 있었다는 것도 짐작하게 해준다. 여느 난파선처럼 이 배 역시 어부들의 그물에 중국 도자기가 걸려 나오는 바람에 발견되었다. 1,000년 전, 가라앉기 전의 배는 어떤 모습이었을까?

인도네시아 중부 자바에 있는 세계문화유산 보로부두르에는 당시 운항하던 배가 조각되어 있다. 보로부두르는 마타람 왕국

9세기에 건립된 인도네시아의 불교사원 보로부두르. ⓒ 강희정

샤일렌드라 왕조가 지배하던 800~825년경에 건립된 불교사원
이다. 그러므로 이 배 역시 8~9세기 자바 해역을 운항하던 배
가 모델이었을 것이다. 배가 중요한 운송수단이었음을 입증이
라도 하듯이 보로부두르에는 배가 묘사된 부조가 7점 있다. 당
나라 구법승 의정(義淨)이 중국 광저우와 수마트라 남단에 있던
스리위자야(슈리비자야) 왕국의 수도 팔렘방을 오갈 때 탔던 배

도, 샤일렌드라에서 스리위자야로, 다시 남인도 촐라 왕국으로 물건을 실어 나르던 상선도 이런 배였을 것이다. 동남아와 인도양을 왕래하던 배는 이처럼 한가운데에 커다란 돛이 달려 있고 선체 양옆에 긴 사다리 같은 부재를 갖췄다. 실제로 이런 배로 장거리 항해가 가능한지를 확인하기 위해 인도네시아 전통 배 건조기술자가 부조와 똑같이 배를 만들어 자카르타에서 마다가스카르를 거쳐 서아프리카 가나까지 항해한 바 있다. 2003년 8월부터 2004년 2월까지 6개월 걸린 항해였다. 9세기에 인도네시아에서 아프리카까지 항해가 가능했음을 입증한 셈이다.

자바와 말레이반도에서 사용한 대표적인 배가 종(djong)이다. 중국의 정크선처럼 승객과 화물을 실어 나르는 용도로 폭넓게 쓰였고 평균 400~500톤급 선박이 움직였다. 인도네시아는 일찍이 큰 화물선을 잘 짓는 것으로 유명했다. 당대 기록인《일체경음의(一切經音義)》에는 곤륜에서 온 배라는 '곤륜박(崑崙舶)'에 600~700명이 올라타 원거리 항해를 한다고 했다. 특이하게도 이 배는 목재와 목재를 연결하는 데 못을 쓰지 않고도 물이 스미지 않는다고 썼다. 이때 곤륜은 오늘날의 인도네시아이다. 곤륜에서 온 노예 곤륜노는 조선시대《전우치전》의 모티프가 되었다고도 한다. 해운이든 하운(河運)이든 물을 이용한 이동이 중요한 동남아에서 튼튼하고 빠른 선박을 짓는 것은 필수적이다. 이로써 획득한 해상장악력과 풍부한 금속 자원은 동남아 각지 왕국의 왕과 술탄에 막강한 부를 안겨주었다. 반대로 이문을 남기게 해준 자원들은 서구의 침탈을 야기했는데, 화물 운송에 적합한 종은 기민한 서양 배와 전투하는 데서는 불리했다. 서서히 쇠퇴할 수밖에 없었던 교역용 배의 운명이다. 방어에 불리한 '열린 지역'의 한계였을까?

강희정

2장

문화:
쉼임과 스밈이 빚은 아름다움

쌀

9

세상에서 가장 비싼 쌀
'향미'를 아시나요?

필리핀과 공동으로
개발한 통일벼

무슨 일을 시작하려면 종잣돈이 있어야 한다고 말한다. 종잣돈은 말 그대로 종자를 사기 위한 돈이다. 이때 종자는 벼 종자를 가리킨다. 좋은 품종의 벼 종자를 사기 위해 농민들에게 종잣돈이 필요했던 데서 기인한 말이다. 종잣돈이 대거 필요했던 때가 있었다. 1970년대 이른바 녹색혁명 때이다. 벼 수확이 좋지 않았던 1970년경 한해 벼 수입액이 2억 달러가 넘었다. 1966년 박정희 정부는 필리핀 국제미작연구소(IRRI)와 공동으로 통일벼라는 새 품종을 개발했다. 이때만 해도 필리핀이 우리보다 잘살던 때다. 정부는 수확량이 월등히 좋은 통일벼를 심도록 강권했다. 갑작스레 새로운 벼를 사야 했던 농민들에게 어느 때보

모내기를 하는 동남아시아의 농부. ⓒ정정훈

다 종잣돈이 필요했던 건 당연한 일이었다. 더욱이 인디카종과 교배한 통일벼는 추위에 약했다. 못자리를 덮을 비닐도 사야 했으니 종잣돈은 더 필요했다. 보릿고개를 겪던 시절, 농업생산량을 확 올려주긴 했지만 통일벼는 별로 인기가 없었다. 쌀알이 짧고 통통한 자포니카 종자인 경기미나 추청을 선호하는 우리 입맛에 푸석푸석한 통일벼는 안 맞았다. 가정집 대신 대량급식이나 저렴한 식당으로 팔려 간 신세에다 안남미(인디카쌀) 같다는 혹평을 받았으니 심혈을 기울여 개발한 보람도 없이 통일벼 시대는 1990년대에 들어서며 서서히 막을 내렸다.

우리는 찰기가 있는 끈끈한 밥을 좋아한다. 낟알이 입안에 알알이 흩어지는 듯한 느낌을 주는 쌀밥은 안남미라고 무시하는 게 보통이다. 오랜 농경의 역사를 지닌 민족이지만 쌀밥을 배불리 먹은 게 오래되지 않았다. 흥부네가 노래하듯 "이팝에 고깃국"이 흔치 않은 일이었기에 뱃속에 들어가면 오래 남아 있는 끈끈한 자포니카종 쌀을 최고로 친다. 하지만 동남아처럼 무덥고 습한 지역은 오래 소화를 시켜야 하는 자포니카종 쌀이 맞지 않는다. 동남아야말로 주식이 쌀이고, 주요 농작물도 쌀이지만 대부분 인디카종이다. 특히 고유의 향기가 있는 쌀을 선호한다. 우리는 쌀 냄새에 민감한 편이고, 냄새가 안 나는 쌀을 좋은 쌀로 치지만 말이다. 동남아는 쌀이 흔하고 가격이 싸지만 비싼 쌀은 상상을 초월할 정도로 비싸다. 전 세계에서 비싼 쌀로 손꼽히는 것이 타이의 재스민 라이스인데, 가격이 천차만별이다.

자포니카종 쌀과 인디카종 쌀. ⓒ 강희정

1,000가지가 넘는
인디카종 쌀

타이에서 재배하는 낱알이 길쭉한 쌀을 보통 재스민 꽃향기가 난다고 해서 재스민 라이스라 부른다. 원래 타이 홈 말리(Thai hom mali), 혹은 카오 독 말리(khao dawk mali)라 부른 것을 재스민 라이스라고 번역한 것이고 우리식으로 말하면 '향미'라는 뜻이다. 타이 사람들은 이 쌀을 찰진 다른 쌀과 구분해 카오 수아이(khao suai)라고 부른다. 아름다운 쌀이란 뜻이다. 쌀이 얼마나 맘에 들면 이런 이름을 붙였을까? 전 국민이 애호하는 향미를 만들기 위해 타이에서는 1950년부터 왕실연구소를 비롯한 70여 개 연구소에서 집중적으로 쌀 품종을 연구·개발·개량해 현재 1,000가지가 넘는 다양한 인디카 품종 쌀을 생산하고 있다. 특히 재스민 라이스는 향긋한 데다 꼬들꼬들하고 찰진 밥맛으로 한때는 타이 쌀소비량 100%를 차지할 정도로 인기였다고 한다. 금방 한 따끈따끈한 재스민 라이스에서 살짝 올라오는 향긋한 냄새는 더위에 지쳐 늘어진 위장을 깨우는 신호와도 같다.

아시아인의 주식인 쌀의 세계 최대 생산국은 어디일까? 1위가 중국, 2위가 인도이다. 인구가 많으니 쌀 생산과 소비량도 압도적으로 많다. 그러면 3위는 어디일까? 타이도 쌀 수출을 많이 하지만 역시 국토가 넓고 인구가 많은 인도네시아가 3위이다. 2019년 기준으로 전 세계에서 가장 많이 쌀을 소비하는 나라 10개국 중 무려 5곳이 동남아시아 국가이다. 인도네시아, 베트남, 필리핀, 타이, 미얀마 순이다. 쌀 소비량이 절대 인구에 비례하는 것은 아니다. 아시아 국가들이 대개 주식이 쌀밥이기도 하지만, 베트남처럼 쌀로 국수를 만든다거나 라이스 페이퍼나 과자류 등에 쌀을 사용해 인구에 비해 쌀 소비량이 많은 경우도 있기 때문이다.

사실 벼농사는 환경친화적이라 보기 어렵다. 벼는 농사짓는 기간 내내 물을 많이 소모하기 때문에 자연환경 보호와 거리가 멀다. 벼라는 작물은 기본적으로 경작 기간이 길고, 따뜻한 곳에서 자라며 물을 좋아한다. 즉, 열대 저습성 작물이라 일조량이 많고 강우량이 풍부해야 농사가 잘된다. 그러니 고온다습한 동남아의 기후조건이 벼 재배에는 안성맞춤이다. 하지만 벼가 스스로 생육에 좋은 환경을 찾아가 쑥쑥 자랄 리는 없다. 원래

캄보디아 씨엠립 일대는 지대가 낮고 습지가 많아 논농사에 적합하다. ⓒ 강희정

야생에서 자라던 벼를 인류가 재배하기 시작한 것은 약 1만 년 전부터라고 한다. 벼농사가 기후가 덥고 강수량이 많은 아시아 남부 지역을 중심으로 발달한 것은 당연한 일이다. 장미 인디카 종 벼는 기원전 5500년경 인도로, 기원전 4000년경에 동남아시아로 퍼졌다. 쌀이 주식으로 자리 잡으면서 그 수요도 점점 높아지고, 벼농사도 보편화됐다.

관개시설을 통해
쌀 생산량을 끌어올리다

기온이 높은 동남아에서는 벼가 쑥쑥 자라니 이기작, 삼기작, 때로 사기작도 가능하다. 같은 땅에 다른 작물을 심는 것을 이모작, 같은 작물을 심는 것을 이기작이라 한다. 벼는 단위 면적당 얻을 수 있는 수확량이 아주 많은 작물이지만 동남아의 인디카 생산성은 중국, 한국의 자포니카 생산성보다 떨어진다. 같은 논에서 이기작을 하면 논에서 자라는 대표적 잡초인 피도 많아지고, 벼 자체의 생산성이 낮아진다고 한다. 벼는 엄청나게 물을 먹어댄다. 논이 항상 물로 가득한 이유다. 건기와 우기가 분명하게 나뉘는 동남아 대륙부도 의외로 건기에는 물이 모자란다. 벼농사를 지을 때는 조금이라도 가물면 농사를 망치기에 십상이다. 습하고 비가 많은 동남아도 물을 다스려 논에 대야 했다.

대표적인 동남아의 관개시설이 바로 캄보디아의 바라이다. 지금은 세계적인 관광지가 된 앙코르와트 주변에서 매우 넓은 저수지를 종종 볼 수 있는데, 이것이 사실 크메르 제국 시기에 만든 관개용 저수지다. 크메르 제국의 세 번째 왕 인드라바르만 I세(877~889 재위)는 처음으로 바라이를 건설한 인물이다. 이때 부터 크메르 제국에는 바라이 건설이 활발해지고, 1년 내내 안 정적으로 물을 공급하면서 벼 생산량이 크게 늘었다. 먹을 쌀이 늘어나니 사람들이 모여들고, 나라는 부강해졌다. 지금은 캄보 디아가 세계 극빈국 중 하나지만 크메르 제국 당시는 동남아 대 륙부를 호령하던 강국이었다. 대륙부에서 패권을 잡을 수 있었 던 것은 막대한 쌀 생산에 힘입은 바 크다. 동남아처럼 인구가 적은 지역은 사람이 곧 힘인데, 쌀 생산이 비약적으로 늘어나면 서 사람들이 모여들고 이들이 바로 막대한 노동력과 전투력을 제공함으로써 크메르는 대륙의 주도권을 잡을 수 있었다. 어떤 의미에서는 크메르가 '농자천하지대본(農者天下之大本)'의 좋은 사례였던 셈이다.

세계유산이 된
동남아의 계단식 논

캄보디아만이 아니다. 벼가 좋아하는 무덥고 습한 환경을 갖췄 지만, 농업 생산성을 더 높이려는 노력은 동남아 곳곳에서 시도

됐다. 인도네시아와 필리핀의 계단식 논도 좋은 예이다. 필리핀 루손섬의 이푸가오주 산등성이에 조성된 장대한 계단식 논 바나우에(Banaue)는 오랜 세월에 걸쳐 만들어진 의지의 산물이다. 계단식 논은 한국에도 있지만 동남아의 계단식 논은 상당히 높고 가파른 산비탈에 만들었다는 점이 특징이다. 산등성이를 계단처럼 깎아 바닥을 다지고 논을 만든 뒤 테두리에 돌이나 진흙으로 논두렁을 만든다. 산꼭대기에서 물을 끌어와 계단식 논을 따라 아래로 흘러내리게 해서 논 전체에 고르게 물을 댄다. 끝없이 이어지는 등고선 같은 바나우에의 논은 보기에도 장관이지만 인간의 강고한 의지와 지난한 노동을 상징하는 뭉클한 장면을 연출한다. 산의 지형을 그대로 이용한 것이라 논의 폭이 들쭉날쭉해서 소가 쟁기질을 할 수도 없고, 그렇다고 기계를 쓸 수도 없다. 그러니 계단식 논에 적합하게 벼의 품종을 개량하는 편을 택했다.

인도네시아 발리의 수박(Subak)도 대표적인 계단식 논으로 가치를 인정받아 바나우에는 1995년, 수박은 2012년에 유네스코 세계유산이 되었다. 사람이 살 것 같지도 않은 높은 산등성이에 층층이 만든 논 사이로 야자수가 늘어진 풍경은 상당히 이국적이다. 계단식 논을 소유한 발리 농부는 수박 커뮤니티의 회원이 될 수 있다. 회원은 농업용 물을 공동 관리하고 자기 논에 물을 댈 수 있는 권리가 생긴다. 수박은 우리나라의 두레 같은 역할을 하는데, 마을 규모에 따라 만들다 보니 현재 발리에는 1,000

발리의 계단식 논 수박. ⓒ정정훈

개 이상의 수박이 있다. 한국이나 동남아나 쌀로 살고, 쌀로 죽는다. 좋아하는 쌀이 다를 뿐이다.

강희정

후추, 향료, 설탕

달콤하게 혹은 알싸하게,
맛의 신세계를 열다

초록색 작은 열매다. 한 알을 입에 넣어 조심스레 씹는 순간, 작은 알갱이가 톡 터지면서 화한 향기가 미각을 자극한다. 후추였다. 캄보디아 씨엠립의 작은 식당이었다.

후추는 현대 한국인의 식생활에서 빠지지 않고 쓰이는 대표적 향신료 중 하나이다. 후추의 원산지는 인도 남부라고 알려졌지만 인류의 식생활을 지배할 정도로 퍼지게 된 것은 동남아산 후추 덕이다. 오늘날에도 이처럼 동남아 몇몇 지방에서는 초록의 어린 후추열매를 기름에 볶아 먹는다. 작은 포도알갱이처럼 송알송알 달린 후추를 통째로 조리한다. 우리가 흔히 먹는 검은 통후추는 이 후추 알갱이를 끓는 물에 10분 정도 담갔다가 말린 것이지만 잘 익은 후추는 매혹적인 붉은 색이다. 검은 후추의 껍질을 벗긴 것이 백후추가 된다. 우리는 향신료의 역사도 서양사를 통해 알고 있지만 아시아는 사정이 달랐다. 풍성한 자원의

푸른 후추열매가 송알송알 달려 있는 모습. ⓒ강희정

보고 동남아의 산물은 아시아의 문화를 기저에서 바꿔놓았다. 후추도 그중 하나이다.

시작은 작았지만
끝은 창대한 후추

유럽에 처음 전해진 후추는 아랍 상인들이 인도산 후추를 비싼 값에 판 데서 시작됐고, 동아시아로 전해진 후추는 동남아에서 중국으로 보내 널리 퍼진 것이다. 물건의 값은 그 희소가치에 따라 정해지는 것이니 구하기 어려운 그 옛날의 후추가 금은보화보다 비쌌으리라는 것은 짐작하기 어렵지 않다. 고기 누린내를 없애주고 소화를 돕는 후추에 맛을 들인 사람들이 그에 열광

한 것도 당연하다. 중국의 기록에는 이른 시기부터 후추 이야기가 나온다. 정사에 나오는 가장 이른 후추 이야기는 후추가 인도의 산물이라는 《후한서(後漢書)》 기록이다. 아마도 한나라 때 처음 후추를 접한 모양이지만 쉽게 구하기 어려웠음은 분명하다. 이후 역사는 오래도록 후추에 관해 침묵한다.

후추가 다시 등장하는 것은 《송사(宋史)》이다. 송나라 태종 대인 995년에 점성(짬파), 즉 오늘날의 베트남 중부에 있던 나라에서 후추 200근을 바쳤다는 기록이다. 이후로 동남아 여러 나라에서 후추를 조공했다는 기록이 드물지 않게 나온다. 명나라 홍무제 때인 1382년과 1387년에는 각각 조와국과 섬라에서 7만 5,000근과 1만 근을, 1390년에는 향신료 강향(降香)과 후추를 17만 근이나 보냈다. 조와는 오늘날의 인도네시아 자바이고, 섬라는 타이다. 손이 커도 이만저만 큰 게 아니다. 중국의 권위에 눌려 막대한 물량 공세로 선린관계를 맺으려는 의도였을까? 물론 그렇지 않다. 중국 역사이니 '조공'이라고 썼지만 사실상 무역이다. 가는 것만큼 오는 것이라는 걸 그들은 알고 있었다.

동남아에서는 후추만이 아니라 다양한 향신료와 향목, 공작새와 깃털, 코뿔소 뿔과 바다거북 껍질을 가져갔고, 그 대가로 중국 황실은 막대한 양의 비단과 서책, 한약, 도자기를 내주었다. 값진 중국 물품들은 다시 타이나 인도네시아에서 왕국의 위세를 과시하는 물품이 되었다. 물자가 풍부한 현재는 별것 아닌 물건들이지만 이것들은 당시 쉽게 구하기 힘든 사치품이자 부와 권력의 상징이었으니 할 수 있는 한 최대의 물량을 가져가서 많이 받아오는 게 상책이었다. 교통이 불편하면 불편할수록 이런 물건들의 가치는 하늘로 치솟는 법이다. 결국 조공은 중국과의 공식적 교역 방법이었고, 동남아는 이를 통해 이문을 남기는 법을 깨쳤다. 이로써 자신들의 상업적 기반을 다진 것은 물론이다. 바다를 통해 남아시아와 서아시아, 그리고 동북아시아로 오갈 수 있는 위치에 자리한 까닭에 동남아는 교역에 유리한 지리적인 이점을 충분히 살릴 수 있었다. 여기에는 열대라는 기후와 지형, 화산 지대라는 자연조건에 따른 동남아만의 독특한 자원도 큰 몫을 했다.

후추 외에도 정향, 강황, 육두구, 계피 등 동남아의 산물이 교역되었다. 실제로 우리나라 신안에서 발굴된 난파선에서는 작은 병에 담긴 정향이 발견되었다. 신안의 난파선은 1323년 중

중국 난징의 양나라 무덤에서 출토된 공작새 깃털. 진한 초록의 깃털색이 그대로 남아 있다. ⓒ 강희정

신안 앞바다에서 침몰한 난파선에서 발굴된 향신료가 담긴 작은 단지. ⓒ 강희정

국 닝보(寧波)에서 일본으로 향하던 무역선이었다. 전 세계에서 단 한 곳, 말루쿠제도에서만 나는 향료였던 정향이 원나라 배에서 나왔다는 것은 원대 중국에서 이미 중계무역을 할 만큼 많은 물량의 정향을 확보하고 있었다는 말이다. 동남아의 정향을 상품으로 팔았던 것은 중국만이 아니었다. 신라 역시 일본에 정향을 팔았다. 752년 일본에 건너간 신라 왕족 김태렴(金泰廉)의 사절단에게 일본인들이 주문한 물품 목록인《매신라물해(買新羅物解)》에도 정향이 들어 있다. 동아시아, 중국과 한국의 상인들이 인도네시아산 정향을 오랫동안 일본에 팔았던 것이다. 못처럼 생겼다고 해서 정향이라는 이름이 붙은 이 식물은 지금은 중국 남부 하이난에서도 재배가 되지만 원래 말루쿠제도에서 자생하는 나무의 꽃봉오리를 말린 것이다. 정향을 독점하기 위해 원산지인 말루쿠제도를 둘러싸고 서구 열강이 벌인 쟁탈전은 피

비린내 나는 학살을 야기하기도 했다.

날아오른 사탄처럼
항해하는 향료무역선

인도네시아 동쪽 끝과 필리핀 사이에 있는 말루쿠제도는 향료 제도라고 불렸다. 정향, 육두구, 육두구 껍질인 메이스 등 값비싼 향료가 나는 섬들이다. 아랍 상인들에 의해 향료를 접하게 된 유럽에서 십자군 전쟁 이후 향신료에 대한 수요가 급증했다. 이에 다른 나라보다 먼저 향료를 독점하려 했던 포르투갈은 인도 고아(Goa)를 점령해 아시아 진출의 발판을 마련했다. 하지만 원산지를 확보해야만 향료를 독점할 수 있다는 것을 깨닫고 곧 향료제도로 향했다. 향료제도의 중요한 섬인 떠르나테에서 포르투갈이 처음 세력을 확장하려 했으나 현지 술탄과의 마찰로 금세 추방되었고, 연이어 스페인, 네덜란드, 영국이 뛰어들어 현지에서 각축을 벌였다. 포르투갈의 식민지 확보에 참여했던 마젤란도 스페인 국왕의 후원을 받아 향료제도로 항해하다 필리핀 막탄섬의 한 부족과 전투 중 사망했다. 그의 선단 가운데 두 척이 1521년 향료제도에 도착해 향료를 가득 싣고 돌아갔고, 스페인은 1526년 제도의 다른 섬 티도레에 요새를 지었다. 오로지 향료무역을 독점하기 위해서였다.

존 밀턴은 1667년에 쓴 작품《실낙원》에서 날아오르는 사탄

육두구, 정향, 후추, 팔각 등 다양한 향신료들. ⓒ 강희정

의 모습을 떠르나테와 티도레의 섬에서 향료를 싣고 무역풍을
타서 항해하는 배처럼 보인다고 비유한 바 있다. 17세기 영국
시인이 알고 있었던 향료제도의 섬 이름이 21세기 세계화 시대
의 우리에게 여전히 낯설다는 것은 우리 지식의 불균형을 말해
주는 게 아닐까? 서구 제국의 향료제도 쟁탈전은 1667년 티도
레의 술탄이 네덜란드의 통치권을 인정하고, 네덜란드 동인도
회사가 떠르나테를 차지해 말루쿠제도 북부의 모든 교역을 지
배하는 것으로 일단락되었다. 그러니 어떤 의미에서는 향료가
동남아의 식민지화를 부추겼다고 볼 수도 있다. 막대한 부를 가

캄보디아 씨엠립 외곽에서 사탕나무 수액을 고아 설탕을 만드는 소녀의 모습. ⓒ 강희정

져다주기도 했다지만.

불교와 함께 전해진 단맛,
중국을 정복한 설탕

정향을 둘러싼 향료 독점의 욕망이 동남아의 식민지화를 촉진했지만 향료가 다는 아니다. 지금도 광물과 목재, 석유 등 풍부한 자원으로 세계 많은 나라에서 동남아에 눈독을 들이고 있지만 딱히 우리가 주목하지 않는 동남아의 산물이 설탕이다. 삼백

(三白) 산업이라 불렸던 밀가루, 면직물, 설탕은 1950년대 미국의 대표적 원조물자였다. 이때의 미국 설탕은 중남미산이었지만, 사탕수수농장을 중남미 식민지에 건설하고 아프리카에서 아메리카 대륙으로 노예를 이주시키고 설탕을 대량생산하기 전, 아시아 설탕의 주된 공급지는 동남아였다. 모든 음식에 만병통치약처럼 설탕을 과다하게 넣는 것이 문제라는 지적이 나온 지 오래지만, 설탕이 우리 식생활에 깊이 파고든 것은 겨우 몇십 년 사이에 이뤄진 일이다.

설탕도 그 시작은 인도였다. 그리스와 로마인들이 인도의 설탕을 수입해 먹기 시작했는데, 인도에서 사탕수수를 보고 꽃도, 벌도 없이 꿀이 만들어진다며 신기해했다고 한다. 대대적인 사탕수수 재배와 설탕 제당은 동남아에서 성공했다. 고추와 고무나무는 아메리카 대륙에서 동남아시아로 전해진 것이지만 설탕은 동남아에서 신대륙으로 전파된 것이다. 실제로 사탕수수는 인도네시아, 캄보디아, 필리핀, 그리고 중국 남부에서 자란다. 하지만 중국에 설탕이 유입된 것은 후추처럼 동남아의 조공에 의한 것이었고, 남제(南齊, 479~502) 때 이미 푸난(캄보디아인)의 특산물이 사탕수수라는 이야기가 나온다. 후대 기록에도 미얀마, 인도네시아 자바, 캄보디아 특산이 사탕수수이며 이들 나라에서 설탕을 만들어 중국에 보냈던 것이 확인된다. 974년 스리위자야에서 백설탕을, 비슷한 시기 자바에서 설탕을 보낸 일이 그것이다.

키워드 동남아

대략 10세기까지 중국에는 제당기술이 없었다. 당 태종은 두 번이나 인도로 사신을 보내 설탕 졸이는 방법을 알아 오라고 시켰다. 그리고 양저우(揚州)에다 여러 종류의 사탕수수를 올리라 명을 내려 그 즙을 짜서 한약 달이듯이 졸였는데 서역을 통해 인도에서 들어온 것과 달리 맛이 없었다고 《신당서(新唐書)》는 전한다. 사탕수수 재배법은 배울 수 있었지만 이를 제대로 정제 하지는 못했던 것이다. 송 이전까지 설탕 공급은 동남아 담당이 었다. 이 시기 미얀마에 있었던 퓨 왕국에서 당에 악기와 악공 을 보내 음악을 바쳤는데, 그중 하나가 〈감자왕(甘蔗王)〉이다. 감자는 달콤한 사탕수수라는 뜻이고, 이 음악은 부처의 법이 달 콤한 사탕수수처럼 백성을 가르치니 모두가 그 맛을 즐긴다는 내용을 담았다.

우리는 불교가 실크로드를 거쳐 중국으로 전해졌고, 그 핵심 은 대승불교라고 생각한다. 하지만 이미 2세기부터 남방 해로 를 통해 불교가 전파되었다. 중국 남부로 전해진 불교는 캄보디 아와 베트남 하노이에서 중국으로 들어갔다. 오나라 손권이 귀 의했던 승려 강승회(康僧會)도 하노이에서 출가하고 오나라로 들어갔고, 적지 않은 승려들이 하노이를 거쳐 중국으로 갔다. 일반적으로 생각하는 것과 달리 불교는 단순히 부처의 말씀, 즉 경전과 사상만을 전하지 않았다. 불교와 함께 기존에 동아시아 에는 없었거나, 있어도 별로 관심을 두지 않았던 다양한 물건들 이 새롭게 소개되었다.

캄보디아에서 발견된 7세기의 하리하라신상. 하리하라는 반은 비슈누이고 반은 시바인 힌두교의 신이다. 다양한 힌두신들을 숭배했음을 알 수 있다. 프랑스 기메 박물관 소장. ⓒ 강희정

설탕도 그중 하나였다. 현재 발굴되는 유물로 보면 고대 동남아에는 불교보다 힌두교가 성행한 흔적이 많다. 타이와 캄보디아, 베트남 남부 곳곳에서 힌두교의 비슈누와 하리하라가 발굴되고 사원이나 건물 유적에는 시바 링가가 남아 있는 것을 봐도 그렇다. 4세기의 중국 구법승 법현(法顯)도 《불국기(佛國記)》에서 현지에 외도(外徒), 즉 이교도가 많다고 썼다. 하지만 해상교역 초기, 동남아에서 중국으로 사절단을 보낼 때는 승려가 동행하거나 불교 물품을 가져간 경우가 많았다. 중국인들이 불교를 선호하고 승려들을 존중했음을 알았기 때문이다. 이 시기에 중

국으로 간 동남아 여러 나라의 사절단들은 상아로 만든 탑이나 불상, 때로는 사리를 진주, 각종 구슬, 코뿔소 뿔, 설탕, 향과 함께 가져갔다. 자신들이 실제 어떤 종교를 가지고 있었는지는 상관없다. 물론 중국 남부의 항구에 들어가 짐을 부리게 허가해달라고 중앙정부에 올린 표문에도 황제의 은덕을 부처의 광명에 비유해 칭송하며 '하해와 같은 은혜에 감복한다'는 인사치레를 빼먹지 않았다. 절절한 그 문장을 보면 누구라도 문호를 개방하지 않을 수 없었을 것이다. 뛰어난 수완이다. 낯선 곳의 빗장을 푸는 법, 풀지 않을 수 없게 만드는 법을 일찍부터 깨쳤다고나 할까.

강희정

인도네시아 음식

익숙한 맛,
이국적인 향기

'세상에서 가장 맛있는 즉석라면' '세계에서 가장 맛있는 음식 1위와 2위' '300여 종족의 다양한 전통음식' 등은 인도네시아 음식을 지칭하는 화려한 수식어이다. '인도미(indomie)'는 원래 제품명이지만, 이제는 인도네시아 라면을 가리키는 보통명사로 사용된다. 전 세계 60여 개 국가에서 연간 15억 개 이상의 제품이 팔린다. 른당(rendang)과 나시고렝(nasi goreng)이 CNN에서 진행한 인기투표에서 세계에서 가장 맛있는 음식으로 선정되기도 했다. 발리인의 전통음식인 바비 굴링(babi guling), 미낭카바우인의 전통음식인 아얌 굴라이(ayam gulai) 등 인도네시아에는 각 종족을 상징하는 다양한 음식의 세계가 펼쳐진다.

발리인의전통음식인바비굴링을요리하는장면.ⓒ정정훈　　완성된뒤식탁에오른바비굴링.ⓒ정정훈

제법 유명한 음식,
여전히 낯선 맛

하지만 이 음식들은 대체로 한국인에게 낯선 음식이다. 한국인은 1인당 라면 소비량이 세계 1, 2위를 다투고, 연간 8억만 마리의 닭고기를 소비하며, 소의 전 부위를 활용하는 요리법을 보유하는 등 음식에 대한 관심이 높다. 더욱이 면, 소고기, 닭고기 등 양국의 음식 재료가 가진 유사한 측면을 고려하면 인도네시아 음식이 낯설게 느껴지는 이유가 더욱 궁금해진다. 특히 베트남과 타이의 음식이 이미 한국인의 생활 깊숙이 자리 잡은 걸 보면, 단지 경험해보지 않은 맛에 대한 생경함이 이유의 전부는 아닐 것이다.

대략 익숙함과 고급화의 측면에서 그 이유를 유추할 수 있다. 한해 500만 명 가까이 베트남을 방문하는 한국인에게 쌀국

수(phở), 반미(bánh mì), 분짜(bún chả)는 이제 낯선 음식이 아니다. 베트남 여행에서 경험했던 맛이자, 결혼이주여성에 의해 음식 문화가 한국화되는 과정을 겪었다. 음식에 대한 취향이 맛이 아닌 익숙함과 관련된다면, 베트남 음식은 한국인에게 친숙함을 넘어 토착화 단계에 접어들었다.

타이는 요리에 관해서라면 전 세계에서도 손꼽힐 만큼 아시아를 대표하는 미식국가이다. 세계 여러 도시에서 타이 요리는 프랑스, 이탈리아 등 유수의 미식국가의 음식과 대등한 위치에서 평가받는다. 한국의 경우 이태원, 홍대, 강남 등 음식문화를 선도하는 지역에서 '스타 셰프'와 연예인의 음식 마케팅이 절묘하게 이루어지면서 동남아 고급 음식 영역을 선점했다.

이에 반해 인도네시아 음식은 한국에서 대중화되기에는 여러 가지 제약이 있다. 무엇보다 한국인에게 인기 있는 음식 재료 중 하나인 돼지고기가 종교적 이유로 쓰이지 않는다는 점이다. 더욱이 무슬림에게 허용되는 '할랄(halal)'은 단지 돼지고기 금지에 머무르지 않고 생활의 전 분야를 지배한다. 현지 요리사의 채용과 재료 수급 문제는 결국 식당 운영비 상승으로 이어지고, 이런 복합적인 문제가 대중화에 걸림돌로 작용한다.

다른 나라와 마찬가지로 인도네시아 음식 역시 인도네시아의 역사와 문화 등을 고스란히 담고 있다. 특히 다종족 국가라는 인도네시아의 정체성을 이해할 수 있는 한 방편이다. 인도네시아 음식의 그러한 다양성과 보편성을 이해하는 핵심 식재료는 향신료와 쌀이다. 그중 맛의 향연인 향신료는 인도네시아에는 역사적 상처이기도 하다.

신의 선물은 희극과
비극이 교차한다

16세기 당시 유럽에서 가장 부유한 국가는 스페인과 포르투갈이었다. 두 국가의 부의 원천은 한때 소 7마리의 값어치를 했던 육두구 등 향신료 무역이었다. 15세기에 오스만튀르크가 대제국을 세움으로써 아시아와 유럽을 잇는 무역로 운영이 과거에 비해 둔해졌고, 이로 인해 유럽의 향신료 가격이 가파르게 상승했다. 포르투갈과 스페인은 아프리카 해상 무역로를 개척했고, 각각 믈라카와 필리핀을 점령함으로써 동서 교류의 서막을 알린 '대항해시대'의 시작이었다.

여기에 네덜란드가 가세했다. 네덜란드는 당시까지 부르고뉴, 오스트리아 합스부르크 가문, 에스파냐의 지배 아래 있던 소국에 지나지 않았다. 하지만 종교개혁과 근대 자본주의의 흐름을 받아들이면서 1588년 '네덜란드 연방 공화국'을 세웠다. 정치적인 안정을 찾은 이후 네덜란드는 지중해와 북해를 연결하는 무역항의 장점을 살리기 위해 스페인과 포르투갈이 100년간 독점한 향신료 무역에 뛰어들었다.

향신료는 '향기 나는 식물'의 씨앗, 열매, 뿌리, 줄기, 꽃, 나무껍질을 말린 후 사용한다. 시나몬, 정향, 흑후추, 육두구, 고추는 유럽인에게 음식에 맛과 향을 더하고, 종교적인 의례나 의술에도 사용되는 신비의 식물이었다. 특히 인도네시아 말루쿠(당시는 몰루카스)군도의 반다제도는 정향과 육두구의 주요 생산지였다. 향, 최음성, 치유력 때문에 황금보다 귀한 향신료로 알려진 육두구의 가치를 일찍이 알아본 포르투갈은 1511년 말루쿠군도를 정복했고, 이후 1599년 네덜란드가 지배권을 차지했으며, 1603년에는 영국이 반다제도의 두 섬을 점령했다.

  말루쿠군도를 둘러싼 유럽 열강의 치열한 경쟁 끝에 1667년 맺어진 브레다 조약(Treaty of Breda)을 기점으로 '네덜란드 동인

인도네시아의 다양한 향신료. 사진 왼쪽부터 레몬그라스, 갈랑갈, 고추, 마늘, 후추, 라임. Pixabay.com 제공.

　　　　　　　　　　　　　　　　　　　　　키워드 동남아

도 회사'는 이 지역 향신료 무역을 독점하게 되었다. 동인도회사는 말루쿠의 암본섬, 바타비아, 믈라카, 인도, 아라비아와 페르시아를 거쳐 유럽으로 향신료를 공급함으로써 네덜란드를 강대국의 반열에 오르게 했다. 아시아로부터 가져온 향신료는 유럽인에게 맛과 향기의 쟁취이자, 일확천금을 얻을 기회이자, 이교도로부터 무역권을 획득한 종교적 승리의 역사였다. 하지만 1603년 12월 18일 로테르담에서 출항한 18척의 배는 인도네시아 식민 역사의 시작이었다. 네덜란드 동인도 회사에서 '네덜란드령 동인도'로 이어진 350년 식민통치는 신의 선물인 향신료가 가져온 비극이었다.

향신료는 식민의 역사라는 비극을 안겨주었지만, 이후 인도네시아 음식의 맛과 향을 다채롭게 해주는 희극의 조연이 되었다. 맛에 대한 감각의 범위가 커질수록 더 맛있게 느껴진다는 연구처럼, 향신료는 맛의 복잡성을 증대시킴으로써 원재료의 맛을 끌어올리는 역할을 한다. 인도네시아 대표 음식 중 하나인 '른당'은 마늘, 생강, 샬롯, 홍고추, 코리앤더 씨, 정향, 백색 통후추, 갈랑갈, 육두구 등 다양한 종류의 향신료가 사용되는 대표적인 요리다. 른당은 서부 수마트라 지역의 미낭카바우족의 전통 요리로 알려졌지만, 현재는 인도네시아를 대표하는 국가음식의 반열에 올랐다.

우선 준비된 향신료를 믹서기에 곱게 간 후 기름기가 없는 소고기 안심 부위와 함께 볶는다. 이후 으깬 레몬그라스로 향을 더한다. 물과 코코넛 밀크를 넣은 후 은근한 불로 오랜 시간 졸여주면 요리는 완성된다. 우리네 소고기 장조림이나 갈비찜과 유사한 모습이다. 인도네시아에서는 물기가 없는 른당을 최고로 여긴다. 물기를 최대한 줄임으로써 소고기를 좀 더 부드럽게 하고 향신료의 맛과 향을 극대화할 수 있기 때문이다.

완성된 른당은 밥, 삼발 등과 함께 먹는다. 삼발은 우리의 고추장과 같이 양파, 소금, 고추, 마늘이 들어간 일종의 양념장이다. 인도네시아인의 식탁에 빠져서는 안 되는 중요한 양념으로 가정마다 고유의 삼발 제조비법을 가지고 있다. 삼발은 나시고렝, 미고렝 같은 볶은 요리나 이칸고렝, 아얌고렝 등 튀김요리의 양념장으로 활용된다. 피자나 감자튀김 등을 먹을 때 케첩 대신 삼발과 함께 먹기도 한다. 향신료는 인도네시아 요리의 특

다양한 향신료가 들어간 고기 요리 른당. unsplash.com 제공.

징 중 하나인 다채로운 '양념(bumbu)'의 바탕이 되는 신의 선물이다.

인도네시아인에게
쌀은 주식이자 종교이자 삶이다!

인도네시아 사회의 가장 두드러진 특징 중 하나는 문화적 다양성 혹은 문화적 혼종성이다. 그래서 인도네시아 사회가 공유하는 문화적 실체가 무엇이냐는 질문에 답을 하기란 쉽지 않다. 다양한 종교, 종족, 언어가 시대와 환경에 따라 계속 변화하기 때문이다. 식생활 측면에서만 한정하면 벼농사 문화에서 비롯된 쌀은 인도네시아 대부분 종족과 지역이 공유하는 문화적 실체로 볼 수 있다.

인도네시아인에게 쌀은 삶을 영위하게 해주는 주요한 곡물이자 중요한 생계 수단이다. 또한 쌀의 신인 데위 스리(Dewi Sri)가 경외의 대상인 것처럼, 쌀은 신에게 바치는 정화와 풍요의 상징이기도 하다.

다국적 기업은 인도네시아 현지화를 위한 주요한 전략 상품 중 하나로 쌀을 활용하기도 한다. 케이에프시(KFC)와 같은 패스트푸드 업체에서 밥은 치킨, 콜라와 함께 세트 메뉴로 구성되어 '완전한 식사' '건강한 식사'의 이미지로 활용된다. 비누, 샴푸 등 생활용품 판매에서 쌀의 순백의 이미지가 다양한 방식으로 차용된다. 다종족 사회인 인도네시아에서 쌀은 종족을 뛰어넘어 인도네시아인의 문화적 정체성을 상징하는 곡물이다.

인도네시아는 우리와 같은 쌀농사 문화권으로 동남아시아 국가 중 가장 넓은 2,450만 헥타르에서 매년 3,710만 톤의 쌀을 생산한다. 한국의 평균 쌀 생산량이 350만 톤이니, 한국에 비해 5배 이상 많은 인구 비율을 고려하면 인도네시아 쌀 생산량이 상당함을 알 수 있다. 하지만 최근까지도 인도네시아는 식량 자급문제를 해결하지 못해 이웃 국가인 베트남과 타이에서 쌀을 수입하는 실정이다. 이는 오일팜, 고무, 커피, 야자, 카카오 등 식민지 시대부터 시작된 플랜테이션 산업작물의 생산이 여전히 벼, 대두, 옥수수, 카사바 등 식량작물 생산을 잠식하고 있기 때문이다.

인도네시아의 패스트푸드 식당에서는 치킨에 밥이 함께 제공된다. ⓒ 손완규

　　　　　　　　　　　　　　키워드 동남아

인도네시아 쌀은 우리가 안남미라고 부르는 인디카쌀이 주종을 이루고, 한국인이 주로 먹는 자포니카 쌀은 자바와 발리섬 일부 지역에서만 생산된다. 기후의 영향으로 쌀 생산은 해발 800미터 전후의 농업용수가 풍부한 지역에서 재배가 가능하다. 모심기와 이양은 4월에서 5월, 8월에서 9월까지 두 번에 걸쳐 이루어진다. 수확은 7월에서 8월, 11월에서 12월 사이에 이루어지기 때문에 모심기를 하는 논의 바로 옆 논에서 추수를 하는 풍경이 펼쳐지기도 한다.

발리 농촌의 풍경. ⓒ정정훈

인도네시아인은 전기밥솥이나 냄비에 쌀을 안친 다음 도중에 물을 버리거나 휘저으면서 끓이는 방식으로 밥을 짓는다. 쌀밥을 의미하는 '나시(nasi)'는 인도네시아인의 한 끼 식사의 절반 정도의 칼로리를 담당하는 주식이다. 인디카쌀로 밥을 지으면 밥은 푸슬푸슬해지는데, 푸슬푸슬해진 밥을 이용한 대표적인 음식이 나시고렝이다. 볶음밥으로 해석되는 나시고렝은 염소, 닭고기 등의 고기류를 양파, 마늘, 파 등과 함께 기름에 볶아서 만든다. 차갑게 식힌 밥을 넣어 볶다가 달콤한 간장소스인 케찹 마니스를 넣는다. 매운맛을 첨가하거나 간을 맞추기 위해 삼발 등을 함께 넣고 볶기도 한다. 방송인이자 유명 요리연구가인 백종원 씨는 나시고렝을 "고깃집에서 밥 볶아 먹을 때 밑에 있는 누룽지까지 긁어서 섞은 볶음밥 같다"라고 평가한다. 조리된 나시고렝에는 오이, 토마토, 달걀 프라이, 새우과자의 일종인 크루푹, 삼발이 함께 나온다. 나시고렝의 조리법은 종족별, 지역별, 개인별 기호에 따라 다양한 방식으로 변화하는데, 닭고기나 소고기 대신 돼지고기, 파인애플, 정어리, 새우 등을 넣기도 한다.

인도네시아 음식은 여전히 우리에게 낯설고 전문음식점을 쉽게 찾기도 힘들지만, 한국에서도 인도네시아 음식을 접할 수 있는 곳이 있다. 안산의 다문화거리에는 인도네시아 노동자를 위해 현지 식재료를 판매하는 큰 규모의 슈퍼와 식당이 있다. 서울의 망원동, 이태원 등 다국적 음식거리가 조성된 지역이나

부산, 인천, 대전, 대구, 광주 등지에도 한두 곳의 인도네시아 음식점이 운영된다. 동남아시아 음식의 대중화와 고급화를 이끌고 있는 베트남과 타이 관련 음식점에서 나시고렝을 판매하기도 한다.

한국과 인도네시아는 공통적으로 쌀을 주식으로 하고, 우리가 양념으로 고추장이나 젓갈을 곁들여 먹듯 인도네시아에서도 삼발이 그런 양념 역할을 한다. 음식을 볶거나 삶을 때 마늘과 고추가 빠지지 않고 사용된다는 점도 비슷하다. 한국인에게 인도네시아 음식이 좀 더 친숙하게 다가갈 수 있는 유사함이 엿보이는 지점이다. 그동안 인도네시아 음식의 대중화의 걸림돌로 작용했던 종교적 문제는 할랄 음식에 대한 인식의 변화로 새

다양한 인도네시아 음식과 삼발을 먹을 수 있는 빠당 음식점. ⓒ 손완규

로운 전기를 맞이하고 있다. 무슬림의 할랄 음식은 동물권과 생태주의의 가치를 추구하는 흐름과 맞물려 새롭게 주목받고 있다. 익숙한 맛의 향연, 이국적인 향이 새로운 음식을 탐닉하는 한국인의 곁에 가까이 다가와 있다.

정정훈

호커센터

싱가포르의 맛집 천국

HDB(Housing Development Board)는 싱가포르의 대표적 아파트형 주거다. 싱가포르 거주민 주거의 70~80%를 차지하는 HDB는 한국으로 치면 주공아파트에 해당하는데, 같은 이름의 '주택개발국(HDB)'에서 건설해 결혼으로 가족을 구성한 거주민이면 누구에게나 수십 년의 장기 할부로 분양해주는 주거복지 시스템으로도 유명하다. 싱가포르에 장기거주하는 한국인들 역시 고급아파트인 콘도를 빌릴 예산이 부족하면 바로 이 HDB를 싱가포르인들로부터 임대해 거주하는 경우가 많다. 대개 넓은 구조와 딸린 옵션들에 만족하지만, 단 하나, 주방에 불만을 가지는 경우가 종종 있다. HDB 아파트 내부 주방의 크기가 집 전체 규모에 비해 너무 작거나, 심지어는 없는 경우도 있기 때문이다. 이는 그만큼 주방이 덜 중요하고, 실제로 집에서 밥을 해 먹는 경우가 적다는 것을 의미한다. 적도와 가까워 1년 내내 덥고,

냉장고가 있더라도 집 안에 많은 음식을 보관하게 되면 각종 벌레와 쥐를 불러올 수 있기 때문이다. 다른 한편으로 그만큼 싱가포르의 여성들이 활발하게 사회에 진출하고 있고, 가정 내 지위가 동등하다는 의미도 된다.

마지막으로 여성들을 주방으로부터 해방시켜준 존재가 있었으니, 바로 싱가포르 전역에서 값싸고 다양한 메뉴를 제공하는 호커센터와 푸드코트다. 아침에는 동네의 호커센터에서, 점심에는 직장 근처의 푸드코트에서, 저녁에는 퇴근하는 길에 쇼핑몰의 푸드코트에서 식사를 해결하는 것이 싱가포르인들의 일상이다. HDB 아파트, 쇼핑몰, 호커센터 혹은 푸드코트, 이 세 가지는 싱가포르인들의 의식주를 해결해주는 핵심 요소다.

호커센터의
다양한 메뉴들

싱가포르는 호커센터와 푸드코트의 나라다. 각 아파트 단지마다 호커센터가, MRT라 불리는 지하철역에는 대부분 존재하는 쇼핑몰마다 푸드코트가 들어서 있다. 한 통계에 따르면, 2021년 기준 싱가포르 전역에 있는 호커센터의 수만 114곳이다. 여기에는 말레이 특유의 꼬치구이인 사테로 유명한 뉴턴 호커센터도 있고, 내부에 700개가 넘는 가게를 보유한 차이나타운 마켓도 있다. 이러한 호커센터는 현지 주민들의 중요한 음식문화

풍골(Punggol)에 위치한 HDB 아파트 단지의 전경. 싱가포르 HDB 아파트 건축은 1960년대부터 시작해 지금까지도 계속해서 이어지고 있다. 그런 이유로 시대별로 각 단지의 건축 양식이 다르고 단지의 위치 역시 다르다. 내부 구조 역시 마찬가지다. 싱가포르 공공주택 역사의 훌륭한 소재다. 위키미디어 코먼스 갈무리.

클레멘티 지역 HDB 아파트 단지에 위치한 호커센터의 모습. 위키미디어 코먼스 갈무리.

싱가포르의 시그니처 메뉴인 하이난식 치킨 라이스. 위키미디어 코먼스 갈무리.

대부분의 호커센터와 푸드코트에서 판매하는 싱가포르 대표 서민 음식, 용토푸. 뜨거운 국물에 사진에 보이는 재료들을 골라 넣어 먹는 음식이다. 위키미디어 코먼스 갈무리.

공간이기도 하지만, 싱가포르를 찾은 관광객들에게 색다른 경험을 제공하는 관광상품이기도 하다. 여기에 대부분 쇼핑몰에 입점해 있는 민간 식음료 기업 소유의 푸드코트 체인도 많다.

호커센터와 푸드코트가 흥미로운 것은 입점한 가게들의 다양함 때문이다. 중국식, 말레이식, 인도식, 아랍식, 서구식, 한

싱가포르의 시그니처 메뉴인 하이난식 치킨 라이스. 위키미디어 코먼스 갈무리.

말레이식 나시르막. 코코넛밀크로 찐 밥과 매콤한 삼발소스가 핵심이다. 위키미디어 코먼스 갈무리.

국식, 일본식, 타이식 등 다양한 국가와 문화권의 음식을 판매하는 가게들이 들어서 있다. 심지어 중국식 내에도 푸젠(복건)식, 광둥(광동)식, 차오저우(조주)식, 하카(객가)식, 하이난(해남)식 등으로 나뉜다. 싱가포르의 시그니처 메뉴인 치킨 라이스는 유명한 하이난식 메뉴다. 푸젠식의 경우 새우탕면이 유명하고,

차오저우식은 특유의 간장소스로 볶은 면이 일미다. 싱가포르 거주 인도계의 대부분을 차지하는 타밀인들의 로티 프라타는 특유의 고소한 향이 나는 납작한 빵이 중독성 있다. 말레이 음식의 대표선수인 나시르막(백반), 미고랭(볶음국수), 나시고랭(볶음밥)도 빼놓을 수 없다. 각 인종의 독특한 음식문화가 깃들어 있지만 타인종들도 먹을 수 있도록 개량된 이러한 메뉴들은 다양한 인종들로 구성된 싱가포르인들을 하나로 묶어줄 뿐 아니라 까다로운 입맛의 관광객들을 매료시키는 역할까지 해낸다. 싱가포르가 야경과 미식의 나라라 불리는 이유가 여기에 있다.

호커센터의
탄생

'대영제국'의 대표적 식민도시였던 싱가포르에는 각종 서비스업 종사자(인력거, 대농장 및 광산의 인부, 호커, 점원, 선박 노동자, 창고 노동자 등)가 집단적으로 거주하고 있었고, 그 인구구성은 다수의 중국계, 소수의 말레이계, 인도계, 아랍계 등 다양했다. 이들은 주로 인종별로 모여 살았지만, 일할 때는 서로 섞이는 경우도 많았다. 이때 노동자들을 따라다니면서 각종 음식을 제공해주던 이들이 바로 식민도시 싱가포르의 또 다른 명물, 호커(Hawker)들이었다. '호커'의 사전적 의미는 행상, 즉 보따리 상인들을 뜻하지만, 당시 싱가포르에서 호커는 주로 다양한 인종

1880년대 싱가포르에서 중국식 국물음식을 팔던 행상인의 모습. 위키미디어 코먼스 갈무리.

들로 구성된 노동자들을 따라다니거나 중심가에 좌판을 깔고 각종 음식을 판매하는 이들을 가리켰다.

　다만 방역과 위생을 관리해야 하는 식민지 행정관료들에게 도시 각지를 다니면서 음식을 파는 호커들의 행위는 식재료가 쉽게 상하는 기후 특성상 비위생적으로 여겨졌고, 도시 미관상으로도 그리 아름다운 장면은 아니었을 것이다. 게다가 중국계의 이주가 급증하면서 자연스레 호커들 역시 급증했고, 식민지 정부와의 갈등의 골 또한 깊어졌다. 이러한 고민은 1965년 독립 이후 공화국 정부로까지 그대로 이어졌다. 그리고 1980년대 이후 HDB 아파트 단지에 이들 호커들을 모아놓고 호커센터를 조성한 것이 그 해결책 가운데 하나였다. 그런 이유로 사실 도심이 아닌, HDB 아파트 단지 내에 있는 호커센터의 경우 소유와 관리가 대부분 주택개발국에 의해 이루어지고 있는데, 이는 호커센터가 단순히 다양한 가게들을 모아놓은 차원을 넘어 도시행정의 일환이라는 것을 의미한다.

싱가포르 정부가 음식의 판매와 식재료의 관리를 식품 통제의 영역이 아닌 방역과 위생, 복지 등의 차원에서 다루고 있다는 흔적은 1946년, 2차 세계대전이 끝나고 일본이 후퇴하면서 다시 영국의 식민지가 되었을 때부터 이미 보이기 시작한다. 1946년 노동부 산하에 설립된 '사회복지부'가 핵심이었는데, 해당 부서가 담당하던 영역이 음식, 주거, 구호, 청소년 복지, 여성이었다. 특히 1942년에서 1945년 사이 일본의 식민으로 파괴된 도시 인프라와 굶주림에 시달리는 주민들의 상황을 해결하려는 목적으로 사회복지부에서는 1946년부터 주민들의 영양 상태를 증진시키기 위한 프로그램을 마련한다. 그 핵심은 싸고 영양가 있는 음식을 제공함으로써 만연한 영양실조와 급격히 올라가는 음식값을 잡는 것이었다.

그리하여 1946년 6월 29일 모든 인종의 노동자들이 모여 식사할 수 있는 '대중식당(People's Restaurant)'이 처음 문을 열고, 접시당 35센트(말라야 달러. 1949년 기준 중국계 노동자 1인당 연간 식료품 소비는 약 356달러로 대략 하루 1달러 소비)에 음식을 팔았다. 다만 35센트를 낼 형편이 안 되는 이들을 위해 접시당 8센트에 음식을 파는 '가족식당(Family Restaurant)'이 개설되기도 했다. 또한 미취학 아동들에게 공짜 식사를 제공하는 '아동급식센터'가 처음으로 설립되었다. 물론 이러한 단체 식당에서 제공하는 음식은 지금의 호커센터처럼 인종 간 문화에 따른 다양한 메뉴가 아니라 밥, 피시 카레, 돼지고기, 채소 등 간단한 메뉴였다. 다만 이러한 조치가 독립 이후 공화국 시기 싱가포르 정부에 그대로 이어졌고, 인종 구분 없이 한곳에 모여 음식을 공동으로 먹는 기회와 공간을 제공해주었다는 측면에서 호커센터와 푸드코트의 시작으로 봐도 무방하지 않을까.

호커센터와
푸드코트

호커센터와 푸드코트의 중요한 차이점은 실외에서 먹느냐 실내에서 먹느냐다. 호커센터는 주로 도심의 거리나 아파트 단지 내부에 조성되어 외부에서 먹는 형태가 대부분이다. 다만 이 경우 덥고 우기가 존재하는 싱가포르의 기후적 특성으로 인해 위생상 문제가 발생하기 쉽다. 1980년대 싱가포르의 경제가 성장하고, 거주민들의 평균수입과 삶의 질 역시 높아지면서 가격이 조금 높더라도 좀 더 위생적인 곳에서 식사하고 싶다는 수요가 증가하기 시작했다. 동시에 당시 싱가포르 곳곳에 건설되기 시작한 쇼핑몰에 '푸드코트'라는 형태의 실내 호커센터가 입점하

비보시티에 위치한 푸드코트 체인, 푸드 리퍼블릭의 모습. 위키미디어 코먼스 갈무리.

기 시작했다. 최초의 푸드코트는 1985년 스코츠 쇼핑센터에 입점한 '피크닉'이라는 이름의 푸드코트였다. '피크닉'은 쇼핑몰 내에 있어 거주민들이 쇼핑 후에 편하게 접근할 수 있었고, 에어컨이 켜진 쾌적한 환경에서 식사를 즐길 수 있다는 장점 때문에 호커센터보다는 상대적으로 가격이 높았음에도 대중적 인기를 끌었다.

1990년대 말, 2000년대 들어 이 푸드코트는 다시 한번 변신한다. 싱가포르가 관광의 중심으로 떠오르고 전 세계에서 관광객이 몰려들면서 관광지 주변의 푸드코트들을 중심으로 다양한 메뉴가 입점하기 시작한 것이다. 주로 거주민들을 대상으로 하기에 기존의 인테리어와 메뉴가 그대로 유지되던 호커센터와는 대조적이었다. 말레이시아와 인도네시아인들을 위한 할랄 푸드나 일본인들을 위한 일본식 도시락, 2000년대 들어 늘어난 한국인 관광객을 위한 한식 코너가 곳곳에 입점하기 시작했다. 또한 중국과의 인적 교류가 깊어지면서 푸젠이나 광둥식이 아닌, 대륙의 중국인들이 주로 소비하는 음식을 판매하는 중식 코너들도 필수적으로 입점하기 시작했다.

　싱가포르는 코로나19 상황에서도 상대적으로 철저한 방역시스템과 그에 대한 국제사회의 신뢰, 그리고 활발한 백신 보급으로 인해 한국인들이 코로나 이후 가장 먼저 도전할 '안전한' 해외 여행지로 꼽힌다. 지금, 싱가포르 여행을 계획하고 있는 예비 여행객 가운데 싱가포르 음식문화의 정수를 맛보고 싶은 이들은 당장 호커센터와 푸드코트를 일정에 넣으라고 권하고 싶다. 추천하자면 필자가 4년 반 동안 거주한 부킷판장 쇼핑몰 옆 HDB 아파트 단지 한가운데에는 싱가포르에서 (아마도) 가장 싸고 맛있는 칠리크랩과 갓 튀긴 번, 시원한 타이거 비어, 입맛 돋우는 모닝글로리(깡꽁)를 파는, 현지인들만 아는 호커센터가 있다.

김종호

베트남 커피

전통과 현대가 공존하는 향

베트남 가정을 방문하면, 주인장은 "썬 머이 우옹 느억" 하며
'물을 먹인다'. "썬 머이"가 권유를 뜻하고, "우옹"이 마신다,
"느억"이 물을 뜻하니, 물 마시기를 권하는 것이다. 여기에서
물은 생수, 차, 커피 등을 모두 포함한다. 차 위주였던 베트남의
'물 먹이기' 문화도 이제는 커피로 바뀌고 있다. 하기야 베트남
이 이제 커피 생산과 수출에서 세계 2위를 차지하게 됐으니, 사
람들이 커피를 많이 마시게 된 것도 자연스러운 일이다. 한국이
수입하는 커피 생두의 4분의 1, 많게는 3분의 1을 베트남에서
들여온다. 주로 수입하는 품종은 로부스타로, 인스턴트 커피를
만드는 데 쓰인다. 이렇게 많은 양을 들여온다니 베트남 커피에
관심을 가져볼 만하다.

베트남에 커피나무가 들어온 것은 1857년이라고 알려져 있
으나, 언제부터 원두가 생산됐는지는 명확하지 않다. 아마 서

너 해 뒤였을 것이다. 커피가 일반인들에게 보급된 것은 1870년대에 프랑스 선교사들이 이를 베트남에 도입한 이후부터라고 한다. 프랑스가 1858년 베트남을 침공하기 시작해 1862년부터 남부 땅을 빼앗기 시작했으니, 커피를 들여온 시기와 식민지배를 시작한 시기가 맞물린다. 프랑스는 1883년에 이르러서는 베트남 전국을 식민지배 아래 두게 된다. 여느 식민지처럼 베트남에도 식민지 근대화가 진행되었고, 모던보이, 모던걸들은 앞서서 서양 문화를 받아들였다. 그들은 식민지배하에서 카페 문화를 만들었다.

전통 있는
카페를 찾아서

베트남은 1941년부터 프랑스와 일본의 공동 식민지배를 받게 된다. 1945년 8월 일본이 항복을 선언하자, 베트남의 민족운동 지도자들은 9월 2일에 하노이에서 베트남민주공화국의 독립을 선포한다. 그러자 프랑스가 식민지를 복구하려고 재침입해 1946년 말부터 독립전쟁을 벌이게 된다. 프랑스가 도시지역을 점령하면서 하노이도 1954년 5월 프랑스와의 전쟁이 끝나기 전까지 한동안 프랑스의 지배 아래에 있었다. 이 시기를 거치며 커피를 마시는 사람들이 늘었고, 지역별로 유명한 커피점들이 생겼다.

사람들은 하노이에서 전통 있는 카페로 '년, 니, 지, 장(Nhan, Nhi, Di, Giang)'을 든다. 카페 '년'은 1946년에 문을 열었다. 거기에 가면 쓴맛이 강하고 진한 로부스타 커피를 맛볼 수 있다. 프랑스의 영향을 받아 원두를 강하게 볶는 프렌치 로스팅을 하기에 커피 맛이 대체로 진하다. 또한 옛 커피점들은 주로 로부스타종 원두를 썼기에 쓴맛이 강했다. 그래서 커피에 연유를 넣은 '까페 스어'가 유행했나 보다. 쓰고 진한 커피에 달콤한 연유가 잘 어울린다. 여기에 얼음을 넣으면 아이스 밀크 커피, '까페 스어 다'가 된다. 커피에 달걀을 넣는 에그 커피는 1946년 문을 연 카페 '장'에서 시작됐다. 이후 하노이 옛 시가지 딘띠엔호앙 거리의 한 건물 2층에 있는 조그만 카페 '딘(Dinh)'의 주인장 '딘'도 아버지 '장'을 따라 에그 커피를 만들었다. 이제 에그 커피는 하노이의 최고급 호텔인 소피텔 레전드 메트로폴 호텔의 카페에서도 팔고 있을 정도로 널리 퍼졌다.

　하노이의 옛 정취를 느끼게 하는 또 다른 곳으로 1952년에 개업한 카페 '럼(Lam)'을 들 수 있다. 커피점 주인장 이름을 따 만든 카페 '럼'은 화가와 작곡가, 작가 등 예술인들이 즐겨 찾던 곳으로 유명하다. 얼마나 맞는지는 모르겠으나 당시 가난했던 화가들이 커피값 대신 던져주고 갔다는 그림들이 지금도 벽을 가득 채우고 있다. 유명한 화가 중 하나인 부이쑤언파이(Bui Xuan Phai)는 담뱃갑에 그림을 그려 건네주고 갔다고 한다. 내가 이제까지 그 담뱃갑 그림을 보진 못했으니, 누가 이 전설을 만

하노이의 예술가들이 드나들던 카페 '럼'. 이제는 커피 맛보다 개혁 이전의 옛 분위기를 맛보기에 적절하다.
ⓒ 이한우

든 것인지도 모르겠다. 카페 '럼'은 이제 그의 후손들이 운영하고 있는데, 여전히 작은 탁자와 의자에 붙어 앉아 수십 년 된 맛을 즐기는 손님들로 가득하다. 가난했던 시절에 예술가들이 아침마다 커피잔을 기울이며 담소를 나누던 바로 그 탁자들이다. 이제는 주머니가 가벼운 젊은이들이나 예스러운 맛을 보려는 사람들을 잡아끌 뿐이다.

　이런 하노이 커피점에 버금가는 전통의 때가 묻어나는 소박한 집을 호찌민시(옛 사이공)에서 찾는다면, 그것은 째오래오(Cheo Leo) 카페일 것이다. 1938년에 개점했는데, 3군의 응우옌티엔투엇 109번지 골목 안에 있다. 융 드립 커피를 마셔볼 수 있는 곳이다. 조그만 라켓같이 생긴 채에 스타킹처럼 생긴 천을 매달아 커피를 걸러낸다. 좀 더 번듯한 곳으로는 옛 카티나(Catinat), 현재 동커이(Dong Khoi) 거리에 브로다르(Brodard), 지브랄(Givral), 라 파고드(La Pagode) 등이 있었다. 브로다르는 1948년 당시 카티나 거리에 베이커리로 문을 연 뒤 몇 번 간판을 올렸다 내렸다 하다가 2019년 10월에 다시 문을 열었다. 1950년에 개점한 지브랄은 지금의 동커이 거리 콘티넨털 호텔 건너편 에덴 빌딩에 있었는데, 통일 전에는 기자들이 모여 정보를 교환하던 장소이기도 했다. 라 파고드에는 예술가들이 많이 모였다고 한다. 식민지 시절의 카티나, 독립 이후 뜨조(Tu Do)로 불리던 서울의 명동과 같은 요지에 있었으니 당연했겠다. 이후 지브랄은 베트남의 부호 팜녓브엉(Pham Nhat Vuong)의 빈(Vin)그룹이 이 건물을 허물고 새로이 빈꼼(Vincom) 백화점을 세우며 없어졌다. 영화 〈콰이어트 아메리칸〉에 잠깐 스치듯 나오는 배경으로 지브랄 내부의 옛 모습을 볼 수 있을 따름이다. 라 파고드도 통일 후 국영기업인 사이공 투어리스트에 넘겨졌는데, 그 자리도 빈꼼 백화점의 한 귀퉁이로 포함됐다.

치열한 경쟁 속에
건재한 베트남 커피 전문점들

통일 후 베트남의 경제상황은 매우 나빴다. 이를 극복하려고 지도자들은 1986년 말에 '도이머이'(쇄신)를 선포하고 개혁에 착

부온마투옷 커피농장의 로부스타종 커피나무에 익지 않은 체리가 달려 있다. ⓒ 이한우

수했다. 베트남 경제상황이 나아진 것은 1990년대에 들어서다. 개혁과정에서 민간기업들도 여러 개 생겨났다. 커피 업계에서 혜성처럼 등장한 기업이 쭝응우옌(Trung Nguyen)이다. 카페 쭝응 우옌이 만드는 믹스커피 지세븐(G7)은 우리나라 사람들에게도 잘 알려져 있다. 쭝응우옌은 하일랜즈(Highlands, 하일랜드)와 함께 전국에 가장 많은 커피전문점을 냈다. 이 두 브랜드가 베트남의 커피 맛을 표준화시켰다고 할 정도다. 쭝응우옌이 중원, 즉 미들랜드이니, 미들랜드와 하일랜드 간 경쟁이 붙은 셈이다.

　베트남에서 커피는 주로 남서부 산간지대의 닥락성, 럼동성, 닥농성 등지에서 생산된다. 베트남 커피는 생산량 중 90% 이상이 로부스타지만, 지대가 높은 곳에서는 아라비카도 생산된다.

닥락성의 중심 도시가 부온마투옷(Buon Ma Thuot)이다. 럼동성의 중심 도시 달랏(Da Lat)은 프랑스 식민지배 시기에 휴양지로 개발된 곳이다. 사이공(현재 호찌민시)에서 사시사철 여름 속에 살던 사람들은 더위를 피해 산악지대인 달랏으로 휴양을 가곤 했다. 달랏 지역은 해발 1500미터에 있어 아라비카 커피를 생산하기에도 좋은 환경을 갖추고 있다. 달랏 인근 꺼우덧(Cau Dat)은 아라비카 커피 생산지로 잘 알려져 있다. 스타벅스도 2015년에 꺼우덧 커피를 쓰기 시작했다.

당레응우옌부(Dang Le Nguyen Vu)는 1996년 커피 주산지인 부온마투옷에서 세 친구와 함께 쭝응우옌 커피점을 처음 냈다. 프랜차이즈 영업을 시작한 1998년 이후 4년 만에 400개의 커피점을 전국에 열었다고 한다. 그는 1971년 중부 해안도시 냐짱에서 났다. 그의 부모는 두 아이와 함께 1979년에 서부 산간지대의 '신경제지구'로 이주해 살던 벽돌공이었다. '신경제지구'는 통일 후 도시의 과잉 인구를 분산하려고 이주시켰던 지역이다. 떠이응우옌(Tay Nguyen)대학 학생이던 응우옌부가 이곳에서 쭝응우옌을 일으켜 '베트남 커피왕'이 됐으니 대단한 성과라고 하지 않을 수 없다.

여기에 하일랜즈 커피가 영어로 빨간색 바탕의 간판을 내걸고 2002년에 1호점을 열어 쭝응우옌에 도전장을 냈다. 호찌민시 메트로폴리탄 빌딩에 열었던 하일랜즈 1호점은 지금 문을 닫았고, 그 옆에 커피빈이 생겼다. 하일랜즈 커피는 베트남 남

하노이 오페라 하우스 옆의 하일랜즈 커피. 붉은색 파라솔이 인상적이다. ⓒ 이한우

부 태생으로 미국 시애틀에 거주하던 데이비드 타이(David Thai)
가 스타벅스의 성공을 베트남에서 재현하고자 한 것이다. 더 커
피 하우스도 프랜차이즈 업계에 새로 이름을 올리고 경쟁에 나
섰다. 최근 실적은 하일랜즈, 더 커피 하우스, 스타벅스, 푹롱
(Phuc Long), 쭝응우옌 순이다. 현재 하일랜즈가 300개, 더 커피
하우스가 160개 매장을 운영하고 있고, 쭝응우옌은 100개 정도
매장을 운영한다. 다른 커피 전문점들에 밀려 쭝응우옌의 명성
은 사라지고 있다.

이 밖에 아직 프랜차이즈로 발전하지는 않았지만 여러 커피
회사들이 우후죽순으로 생겨나 다양한 브랜드의 커피를 슈퍼
마켓 선반에 올리고 있다. 이탈리아의 일리(Illy), 세가프레도

(Segafredo), 오스트레일리아의 글로리아 진스(Gloria Jean's) 등 외국계 브랜드도 진출했으나 거의 성공하지 못했다. 커피빈이 베트남에서 몇 군데 가게를 냈으나 고전하고 있다. 스타벅스는 좀 늦게 2013년에 베트남에 들어와 2020년 말에 67개 매장을 가지고 3위로 선전하고 있는 편이다. 스타벅스가 호찌민시 뉴월드 호텔 한편에 넓은 현대적 매장을 냈는데, 그 후 길 건너편에 베트남 차와 커피를 파는 푹롱이 들어섰다. 베트남 사람들에게 스타벅스는 어쩌다 가는 곳이지만, 푹롱은 매일 갈 수 있는 곳이기에 많은 사람들로 붐빈다. 이처럼 외국계 커피의 공세가 산발적으로 전개되고 있지만, 베트남 커피는 아직도 건재하다.

복고풍을 일으킨
'꽁 까페'

베트남에서 복고풍으로 성공한 커피전문점은 '꽁 까페(Cong Caphe)'다. 여기에서 '꽁'은 공산주의를 뜻하는 '꽁산'에서 가져왔을 것이다. 이 카페는 2007년 하노이 구시가지 찌에우비엣브엉 거리에서 조그맣게 시작됐다. 건물 바깥벽을 국방색으로 칠하고 실내장식도 거칠고 투박하게 꾸며 개혁 이전 사회주의 분위기를 냈다. 실내는 낡은 탁자와 작은 나무 의자 등 소박한 것들로 채웠다. 20대 젊은이들은 개혁 이전 배급 시기를 겪어보지 않았으니 그 시절이 궁금하긴 할 것 같다. 이제는 매장이 하노

하노이 거리의 '꽁 까페'가 개혁 이전 배급 시기의 분위기를 냈다. ⓒ 이한우   '꽁 까페' 내부는 소박하게 꾸며져 있다. ⓒ 이한우

이에 24개, 호찌민시에 17개 있고, 이를 포함해 전국에 56개나
됐다. 베트남을 다녀온 한국인들의 유난스러운 '꽁 까페' 사랑
에 한국에도 7곳이나 '콩카페' 매장이 생겼다. '꽁 까페'는 또
베트남 내 복고풍 카페 열풍을 일으켰다.

하노이에는 개혁 이전의 배급 시기에 있었을 듯한 허름한 모
습의 카페들이 문을 열었다. 호찌민시에는 통일 전 사이공의 카
페 모습을 연출한 카페들이 등장했다. 아예 '레트로 카페'라고

이름 붙인 곳도 있다. 여기에 베트남의 전통의상 '아오자이'를 소재로 한 영화 〈꼬바 사이공〉이 복고 문화 확산에 부채질을 했다. 이런 베트남 커피점 얘기도 머지않아 옛날 얘기가 될지도 모른다. 쭝응우옌, 하일랜즈, 꽁 까페를 넘어 개인 로스터리가 우후죽순으로 생겼고, 넓찍한 곳에 현대식 실내장식으로 멋진 분위기를 낸 카페가 수없이 생겨났으니 말이다.

이한우

발리 관광

14

'발리 하이'는 당신을 불러요.
밤이나 낮이나

소설가 김영하의 여행에세이 《여행의 이유》에는 "어둠이 빛의 부재라면, 여행은 일상의 부재다"라는 구절이 있다. 우리는 일상에서 벗어나기 위해 끊임없이 여러 이유를 만들어 떠나려고 노력한다. 코로나19로 인한 자가격리와 집합 금지가 해제된 지금, 많은 이들이 가족과 함께, 연인과 함께, 친구와 함께 여행을 다시 꿈꾸고 있다.

코로나19가 본격화하기 이전인 2019년 통계(한-아세안센터 '2019 통계집')를 보면 동남아시아를 찾은 한국 관광객이 1,000만 명을 돌파했다. 이 중 절반에 육박하는 430만 명이 베트남을 방문했고, 인도네시아 여행객은 그 10분의 1 수준인 40만 명에 불과하다. 저비용 항공사가 취항하지 않아 항공편이 많지 않고, 베트남보다 여행비용도 비싼 데다가 여행지가 대중적이지 않아서 아직은 한국인들의 인도네시아 방문이 적다. 그럼에도 인

인도네시아에는 해발고도 3,000미터에 이르는 활화산이 산재해 있다. ⓒ 정정훈

도네시아는 동남아시아와 오세아니아 대륙에 걸쳐 위치한 지리적 조건, 다양한 종족의 전통문화, 열대우림 기후와 다채로운 자연 풍경 등을 지닌 매력적인 여행지다.

인도네시아에는 수도인 자카르타, 제2의 도시인 수라바야, 자바인의 마음의 고향 족자카르타(욕야카르타), 자바의 파리로 불린 반둥 등 다양한 매력을 뽐내는 도시가 있다. 하지만 한국인에게 가장 잘 알려진 지역은 발리섬이다. 발리는 제주도의 약 3배 크기에 430만 명이 거주하는 큰 섬이다. 인구수로는 인도네시아 전체 인구의 0.3%에 불과해도 서구의 한 조사에 따르면 인도네시아의 다른 어떤 지역보다 전 세계인에게 잘 알려진 지

　　　　　　　　　　　　　키워드 동남아

역이다. 짐작건대 인도네시아를 방문한 대다수 한국인에게 발리섬은 여행의 시작점이자 최종 목적지였을 것이다.

코로나19라는 길고 어두운 이 터널이 언제 끝날지 모르지만, 여행을 자유롭게 떠나는 날이 돌아오면 발리섬은 다시 관광객으로 붐빌 것이다. 억눌렸던 소비가 분출되는 날, 얼마나 많은 사람이 발리를 찾을지 사뭇 궁금해진다. 아마도 발리섬과 그곳의 사람들은 새로운 여행객을 맞이하기 위해 천혜의 자연환경을 복원하고 다시금 싱그러운 미소를 가득 머금고 있을 것이다. 그날을 기다리며 우리도 발리인과 그들이 만들어간 역사와 문화에 대해 깊이 알아가는 시간을 가져보자.

에덴동산을 찾아서:
관광 발리

발리 문화의 기원은 13세기부터 16세기까지 약 400년간 인도네시아 지역을 지배했던 마자파힛 왕국의 유산으로 본다. 왕위계승을 둘러싼 암투 등으로 당시 왕국의 신하, 승려, 공예가들이 동쪽에 이웃한 발리섬으로 이주한다. 마자파힛 왕국의 문화적 전통에 기인한 문학, 음악, 조각 등은 현재까지 발리 지역의 고유한 전통문화유산으로 남아 있다. 20세기 초 네덜란드 식민 당국은 발리 지역을 마자파힛의 '살아 있는 박물관'으로 간주할 정도였다.

마자파힛 왕국의 후예에 의해 세워진 겔겔(Gelgel) 왕조는 16세기 중반에 번영기를 맞이했고, 자바 힌두 문화가 발리섬 전역에 전파되는 데 일조했다. 마자파힛 왕국과 겔겔 왕조에 의해 고전적인 발리-힌두 종교는 완성된다. 이 시기 현재 발리 행정구역의 최소단위이자 마을로 해석되는 반자르(banjar)가 만들어졌다. 반자르는 마을의 수장과 종교의 제사장이 구분되어 운영되고 이러한 전통은 현재까지도 이어진다. 이는 초자연적인 믿음에 기초해 최고 연장자가 종교와 정치 분야의 우두머리 역할을 하는 발리 원주민 집단의 기존 통치방식과는 다른 형태이다.

발리섬이 전 세계에 알려지게 된 것은 20세기 전후 제국주의 시대 도래와 함께 네덜란드 정부가 인도네시아 전 지역에 대한 식민화를 추진하면서부터이다. 네덜란드 식민화 과정에서 발리인은 극렬하게 저항했다. 당시 네덜란드 군대는 1906년 사누르(sanur) 해안 지역에서 바둥(badung) 왕가의 군대와 전투를 치렀다. 소규모 전투의 연이은 패배 끝에 왕족, 귀족, 주민들은 네덜란드군에 대항해 마지막 항전이자 무저항 대량 자결사태인 '뿌뿌딴(Puputan)'을 시행한다.

행진의 선두에 있던 왕은 가마에서 내렸고, 사제는 왕의 뜻에 따라 비수를 왕의 가슴에 꽂았다. 일부 귀족과 주민은 왕을 따라 자결을 택했다. 아이를 안고 있는 여성들은 보석과 금화를 네덜란드 군대에 던짐으로써 그들을 조롱했다. 네덜란드 군은 소총과 포탄을 발사했고, 발리인은 스스로 죽음을 택했다. 네

덴파사르 시내 중심가에 있는 바둥 뿌뿌딴을 기념하는 상징물. 네덜란드에 저항하는 의미로 무저항 대량 자결 사태인 '뿌뿌딴'을 행했던 바둥 왕가를 기리기 위해 세웠다. ⓒ 정정훈

덜란드 식민지 군대와 전투가 있었던 1906~1908년 사이에 약 1,000여 명의 발리인이 자결했고, 이는 네덜란드 식민당국의 야만성을 국제사회에 알리는 계기가 됐다. 오늘날 뿌뿌딴은 발리인뿐 아니라 인도네시아 전역에서 식민주의에의 저항을 상징하는 국가유산이자, 글자 그대로 과거 질서의 '명예로운 죽음'을 의미한다.

최후의 저항 끝에 발리섬 전역은 네덜란드의 식민지가 되었지만, 역설적이게도 1908년 발리섬을 포함한 인도네시아군도 관광이 시작되면서 발리섬은 전 세계인에게 알려지게 된다. 바타비아(Batavia, 현재의 자카르타)에 '공식적인 관광 기구'가 설치되고, 발리섬은 "소순다 열도의 보석"으로 관광객에게 소개되었다. 초기 발리 관광은 유럽인에게 큰 흥미를 불러일으키지 못했다. 섬에 접근할 수 있는 교통이 불편했던 탓이다. 발리섬이 관광지로 각광을 받게 된 것은 1920년대부터 시작된 네덜란드 회사의 정규 증기선 운항 덕분이었다. 로열패킷회사(Koninklijke Paketvaart-Maatschappij, KPM)는 당시 식민지의 산물을 수탈하기 위해 바타비아, 마카사르, 수라바야, 발리섬을 연결하는 항로를 개설했다. 이 항로를 통해 소, 돼지, 쌀, 코코넛, 커피 등 농축산물을 운반하고, 선박의 일정 공간을 할애해 관광객을 태웠다. 항로의 중간 기착지인 서부 자바, 북부 수마트라, 남 술라웨시 그리고 발리섬 관련 관광책자도 함께 발행되었다. 당시 매년 3만 명이라는 적지 않은 관광객이 발리를 방문했다.

  '관광 발리'의 시작과 성공은 1차 세계대전 이후 전쟁의 참상과 연관이 깊다. 참혹한 전쟁을 겪은 서구인들이 현대 문명에 대한 비판적인 인식을 갖게 됨에 따라 과거에 대한 복고적인 향수를 채워줄 '진짜'를 찾아 나섰기 때문이다. 발리섬과 같이 개발되지 않은 지역에 '에덴 동산'이나 '진짜'라는 이미지가 투영됐다. 20세기 초 '관광 발리'는 때 묻지 않은 인류의 이상향으로 서구인에게 소비된 셈이다.

열대우림에서 피어나는
예술의 향기

최근 들어 발리 여행의 목적이 다양하게 변화하지만, 한국인에게 발리섬은 여전히 멋진 신혼여행지다. 한국인 신혼여행객은 대부분 4박 6일 일정으로 발리를 다녀가고, 바다와 인접한 고급 숙소에서 발리를 경험한다. '풀빌라'라는 명칭으로 판매되는 고급 숙소는 담이 둘러진 채 정원, 수영장, 방이 하나의 구역에 펼쳐져 있다. 휴양을 원하는 여행객에게는 최고의 호사다.

그러나 해안가 휴양시설에 머무는 여행객들이 실제 발리인의 일상을 경험하기에는 한계가 있다. 여행사들은 이런 점을 보완하려고 여행 마지막 날에 '예술인 마을'로 불리는 우붓을 일정에 넣는다. 상대적으로 선선한 날씨, 다채로운 풍경, 수준 높은 회화와 공예 작품을 만날 수 있는 우붓은 발리 여행객에게 해안과는 다른 새로움을 안겨준다. 사실 20세기 이후 발리섬의 역사는 관광의 역사로 불러도 될 만큼, 관광은 이 지역의 사회·문화적 변화에 막강한 영향을 미쳤다. 20세기 중반 대중매체에 비친 발리는 남국의 낭만을 상상케 했지만, 21세기 발리는 열대우림과 문화예술이 함께 투영된다. 21세기 발리 관광을 대표하는 지역 중 한 곳이 우붓이다.

우붓 지역이 관광지로 변모한 것은 대략 1920년대였다. 우붓 왕족의 초청으로 서구 예술인들이 이 지역에서 작품 활동을 했

수준 높은 회화 작품을 만날 수 있는 우붓의 미술관. ⓒ정정훈

고, 당시 발리 고전 양식의 회화와 서양화 양식이 교류하면서 '우붓 양식'과 '바뚜안 양식'이 새롭게 정립된다. 힉먼 파월과 마거릿 미드, 그레고어 크라우제, 발터 슈피스와 같은 예술인과 학자들의 책, 그림, 사진 등이 발리의 자연환경과 문화예술을 서구에 소개하는 매개체가 되었다. 이 시기 발리섬의 문화예술에는 당시 서구인의 열망, 환상, 동양적인 행복의 이미지가 함께 투영되었다.

하지만 2차 세계대전과 네덜란드와의 독립전쟁이 벌어지던 시기에 발리섬 관광은 침체기를 겪었다. 2차 세계대전의 종전과 네덜란드 율리아나 여왕의 1949년 12월 27일 라디오 연설 이후 인도네시아는 다시금 안정을 되찾았다. 정치사회적 안정을 찾은 1950년대에 발리 관광이 다시 시작되었는데, 특히 발리 관광의 재도약은 서구 사회에 유행한 영화 한 편과 밀접하게 연관된다. 뮤지컬을 영화로 만든 〈남태평양(In South Pacific)〉은 2차 세계대전이라는 전쟁을 낭만적으로 묘사했다는 비판을 받았지만, 아름다운 남태평양의 섬, 발리에 대한 환상을 심어주는 주제곡인 〈발리 하이(Bali Ha'i)〉는 서구 사회에 발리를 재인식시키는 데 성공했다.

> 발리 하이는 당신을 불러요. 밤이나 낮이나. 당신의 마음속에서 부르는 소리를 듣겠지요. '어서 오십시오'라고. 발리 하이는 바닷바람을 타고 속삭여요. '여기예요. 당신의 특별한 섬입니다. 당신의 특별한 소망과 꿈이 언덕에 꽃피고, 흐름에 빛납니다. 나를 청하신다면, 하늘과 바다가 만나는 곳에 나는 있습니다.'

〈발리 하이〉 가사의 낭만적인 분위기와 서정적인 내용은 발리섬을 남국의 평화로운 휴양지로 묘사함으로써 전쟁으로 잊힌 이 지역에 대한 여행객의 관심을 다시 불러일으켰다. 이 영화는 2차 세계대전과 네덜란드와의 독립전쟁 이후 침체를 거듭하던 발리섬 관광을 되살리는 계기가 되었다.

발리는 1960년대 후반에 수하르토 정부가 추진한 '경제성장

뮤지컬 <남태평양>의 한 장면. 위키미디어 코먼스 갈무리.

5개년 계획'에 포함되면서 대중관광지로 변모하게 된다. 수하르토 대통령은 발리주 발전 종합계획을 '관광'으로 표명했고, 누사두아(Nusa Dua) 리조트 단지 등 관광시설을 세계은행 등의 차관을 이용해 건설했다. 이 시기, 1960~1970년대에 '점보 747 제트여객기'와 같은 대형 항공기가 개발되고 발리국제공항이 완성됨에 따라 발리섬은 비로소 관광객들이 손쉽게 접근할 수 있는 곳이 되었다.

하지만 '대중관광'의 성업과 관광객의 비약적인 증가는 여러 부작용을 초래했다. 무분별한 해안가 개발, 상수도 부족, 전통 문화 훼손 등은 지속가능한 관광을 저해하는 요인이 되었다. 특히 발리인들의 종교인 힌두교가 추구하는 '사회적 조화'가 위

키워드 동남아

협받기에 이르러 이에 대한 대안이 필요했다. 당시 발리 주정부는 '발리 관광 프로젝트'를 추진하면서 대중관광의 대안으로 '문화관광(pariwisata budaya)'을 제시했다. 여행객에게 발리의 문화적 전통에서 비롯한 다양한 관광 상품을 제시해, 그들이 발리의 전통문화와 관습을 이해하고 존중해주길 바란 것이다.

발리섬이 다른 동남아 열대 휴양지인 타이의 방콕과 파타야, 베트남 푸꾸옥, 필리핀 세부와 보홀, 말레이시아의 코타키나발루 등과 여행지로서 다른 점은 무엇일까? 어떤 매력이 있기에 매년 발리섬 전체 인구를 능가하는 500만 명의 관광객이 이 지역을 방문할까? 여행은 결국 집으로 돌아오는 것이지만, 발리섬에 장기간 거주하는 관광객은 어떤 마음일까? 발리 남부의 해안 지역은 대규모 호텔, 쇼핑몰, 식당, 클럽 등이 밀집해 인근의 동남아 국가의 휴양지와 비슷한 모습이다.

발리섬이 다른 열대 휴양지와의 차별화된 지점의 실마리는 2010년 유명 배우인 줄리아 로버츠가 주연한 영화이자 동명 소설인 《먹고 기도하고 사랑하라(Eat Pray Love)》에서 찾을 수 있다. 뉴욕 맨해튼에서 성공적인 삶을 영위하고 있는 주인공 리즈는 자신이 진정 원했던 삶이 무엇인지를 찾기 위해 긴 여행을 떠난다. 그녀는 이탈리아와 인도 여행을 마치고 여행의 종착지인 발리에 도착한다. 결국 그녀가 발리에서 사람 간의 만남을 통해 삶과 사랑의 의미를 되찾는 걸로 영화는 끝을 맺는다.

영화는 발리 곳곳의 명소를 화면에 담았지만, 리즈가 주로 활

우붓의 마을 풍경. ⓒ 정정훈

동했던 공간인 우붓의 풍경이 많은 이에게 호기심을 자아냈다. 마을 사원을 비롯한 전통 건축물, 회화나 목공예, 종교의례, 열대우림과 논의 풍경이 조화롭게 펼쳐지는데, 이는 여타 휴양지와 발리를 구별하는 가장 큰 특징 중 하나이다. 또한 우붓은 발리-힌두 문화와 사상적 흐름을 공유하는 요가, 명상, 유기농 식품의 소비지로 명성을 드높이고 있다. 대중관광의 시대에 문화관광을 추구하기 위해 발리인은 계속 노력하고 있고, 이러한 노력 덕분에 발리섬은 차별화된 여행지로서 여전히 세계인의 이목을 집중시키고 있다.

정정훈

키워드 동남아

발리힌두교

15

'낙원의 섬'에 사는 신들

발리섬의 아침은 특별하게 시작된다. 모든 가정의 어머니는 새벽시장에서 사온 재료로 아침을 준비한 뒤 가족 사원에 먼저 제물을 바친다. 차낭 사리(canang sari)라 불리는 이 제물은 바나나 나무 잎 등으로 만든 작은 접시에 색색의 꽃, 떡, 향, 동전 등을 올려 만든다. 이른 아침 가정이나 상점 앞, 때로는 자동차 안까지 어디서나 어른 손바닥 크기의 차낭 사리를 볼 수 있다. 차낭 사리를 올리는 행위 자체가 그들의 삶이고, 의례이다. 아이들은 학교로 바쁜 걸음을 옮기고, 호텔이나 빌라의 관광객은 휴양지에서 허용되는 게으름을 만끽하면서 늦은 아침을 맞이한다. 주민과 관광객은 발리섬이라는 한 공간에서 전혀 다른 하루를 시작한다.

매일 신에게 올리는 공양:
차낭 사리

코로나19 이전 발리섬에는 매년 500만 명의 외국인 관광객과 1,000만 명의 국내 관광객이 방문했다. 더욱이 최근 여행이 '관광의 일상화'라는 말처럼 주민의 삶 자체가 관광상품으로 주목받는다. 주민의 일상을 경험하고자 하는 관광객은 전통시장과 마을을 방문하고, 호텔이 아닌 공유숙박을 통해 현지인의 집에 머무른다. 관광지의 일상이 주민의 삶에 깊숙이 스며들게 되는 사회문화적 환경이 만들어진다.

이른 아침 차낭 사리를 올리는 발리인. ⓒ 정정훈

키워드 동남아

하지만 주민들이 보내는 일상과 관광객의 여행은 구별할 필요가 있다. 일상에서 벗어나 짧은 시간 극한의 행복을 추구하는 여행객과 일상을 살아야 하는 주민의 삶의 방식에는 차이가 있다. 특히 발리힌두교의 의례는 발리인의 삶을 규정한다. 관광객의 저편에서 발리인의 삶은 계속된다.

신들의 나라 발리,
축제가 된 종교

힌두교에는 3만 3천의 신이 있다고 한다. 3만 3천의 인도 신이 인도네시아로 왔으니 그 수가 늘어나는 건 자명한 일이다. 인도의 힌두교에 기원을 두었다고 해도 발리의 힌두교는 인도의 그것과 매우 다르다. 가장 두드러진 차이점은 신에 대한 인식이다. 발리힌두교는 신이 평소에는 천상계에 머무르다 주민들이 특정한 날에 행하는 의례를 통해 강림한다는 믿음에 기초한다. 발리는 '제물 등을 바치다'라는 의미를 가진 산스크리트어인 '와리(wari)'에서 비롯했다. 발리 의례의 기본 원리는 사원으로 강림하는 천상계의 신에게 무언가를 바치는 행위를 일상에서 반복하는 것이다.

발리의 힌두교는 신과 토착의 정령과 악령들이 적재적소에 배치되어 조화를 이룬 신화와 의례의 혼합이다. 인도의 힌두교적 신앙, 정령숭배와 같은 애니미즘적 요소, 사원과 탑의 불교

천상계의 신에게 기도하는 발리인과 제물. ⓒ 정정훈

적 요소가 시대에 따라 조금씩 변화하면서 현재의 신앙과 의례 체계를 구축했다. 발리인은 종교에서 비롯한 다양한 의례를 활발히 연행하며, 이를 위해 매순간 온전히 제 삶을 바친다. '노란코코넛 마을(Banjar Nyuh-Kuning)'에서 연행되는 의례를 통해 발리인의 종교에 대한 온전한 마음을 이해해보자.

사원과 관련된 의례 중 가장 대표적인 의례는 오달란(odalan)이다. 오달란은 사원 건립일을 기념하는 의례인데, 1년을 210일로 계산하는 우쿠력(wuku)을 기준으로 한다. 서력 기준으로 대략 7개월에 한 번씩 진행되는 의례인 셈이다. 각 마을마다 반드시 위치한 3개의 사원과 조상신을 위한 가족 사원까지, 한 개인에게 의무적으로 부여된 오달란 의례는 최소한 4개이다.

마을 주민들은 오달란 진행을 위해 각자에게 특정한 의무를

그봉안을 지고 사원으로 향하는 마을 여성들. ⓒ 정정훈

부여하고, 가족과 조상신을 위해 제물을 준비한다. 의례 기간 동안 남성과 여성의 역할은 구분된다. 우선 남성들은 사원을 정비하고, 교통을 통제하며, 인도네시아 전통 기악 합주인 가믈란 연주를 담당한다. 여성들은 사원 제례에 쓰일 음식을 장만하고 신에게 봉헌할 공연을 준비한다. 오달란 의례의 절정은 야자 잎, 꽃, 음식 등을 겹겹이 쌓은 일종의 제물탑인 그봉안(gebogan)을 지고 사원으로 향하는 여성들의 행진이다. 화려하게 전통 복식을 차려입은 여성들의 행렬은 뭇사람의 시선을 끌기에 충분하다.

노란코코넛 마을의 달럼 사원(pura dalem) 오달란은 3일간 진행된다. 의례가 시작되기 일주일 전부터 남성들은 사원 정비를 위해 청소를 하고, 곳곳을 보수한 후, 사원에 노란 천을 두른다. 의례 전날에는 제물로 사용할 음식을 마련하고 제물탑인 그봉안을 제작한다. 오달란 첫날 아침, 마을 사제인 퍼망쿠(pemangku)의 주도하에 부정한 것을 정화하는 의례가 시작된다. 이 의례가 끝나면 남성들은 공터에 모여 닭싸움(tajen)을 한다. 전통적으로 발리 남성들은 수탉과 자신을 동일시해 제 남성성을 닭을 통해 발현한다.

닭싸움에 몰두하는
남성

평소에는 늘 느긋하고 평화로워 보이는 발리 사람들이지만 닭을 키우고 닭싸움에 임하는 자세는 자못 진지하다. 마을의 남성들은 집 가까이 닭장을 두어 자신의 수탉을 정성스럽게 키운다. 어스름한 새벽 경쟁적으로 울어대는 닭 울음소리에 마을에 살고 있는 외국인은 '미친 닭'이라며 주인에게 온갖 신경질을 내지만, 주인은 아랑곳하지 않고 닭이 건강하다는 증표라며 짐짓 어깨를 으쓱인다.

아침저녁으로 닭에게 모이와 물을 주고 가끔씩 벌레, 달걀, 간 돼지고기 등을 먹인다. 알 수 없는 알약을 먹이거나, 뱀을 잡아 주거나, 코코넛 물을 먹이는 남성도 있다. 오달란이 열리는 날 닭 주인은 대나무로 짜인 닭장을 오토바이 뒤편에 싣고 사원을 향한다. 사원 주위에는 이미 오토바이 수십 대가 주차되어 있고, 사원의 공터에는 닭장 여러 개가 어지럽게 놓여 있다.

1년에서 2년 동안 이날의 싸움을 위해 길러진 수탉들은 주인의 신에 대한 온전한 마음과 마을에서 주인이 차지하는 위치를 상징한다. 볏을 한껏 치세운 수탉은 타지(taji)라는 날카로운 칼을 발목에 맨 상태로 상대를 기다린다. 주인은 닭의 부리에 바람을 넣거나 자신의 특제 비법이 들어간 먹이를 먹여 닭이 금방이라도 상대에게 달려갈 상태를 만든다. 길게 내뺀 목, 길고 높게 솟은 꽁지깃, 실로 단단히 묶인 칼을 단 닭의 분위기는 한순간에 사람에게 전이되어 사람들을 흥분하게 만든다.

약 6,000년 전부터 유럽과 동아시아 일부 지역에서 시작된 닭싸움은 유희이자 의례의 일부였다. 동남아시아에는 필리핀, 타이, 베트남, 인도네시아 등지에서 닭싸움이 합법과 불법, 전통

닭싸움에 열중하는 마을 주민들. ⓒ 정정훈

유희와 도박의 경계선에서 여전히 성행 중이다. 도박과 복권 등 사행사업이 금지된 인도네시아에서 발리 닭싸움은 의례 기간 중 전통 유희의 일환으로 허용된다. 닭싸움의 과정에서 나온 붉은 피가 일종의 정화의례의 상징물로 여겨지기 때문이다.

노란코코넛 마을의 남성들에게 닭싸움은 1년에 몇 차례 참여할 수 있는 비공식적인 도박장이었다. 의례 첫날 닭싸움에 참가한 남성들의 손에는 5만 루피아에서 10만 루피아 여남은 장이 들려 있다. 하루에 자신의 한 달 급여의 절반인 100만 루피아 가까운 돈을 잃은 주민도 있다. 국가에서 정한 발리섬의 최저임금이 220만 루피아이고, 10킬로그램짜리 쌀 한 포대가 10만 루피아이니 농민과 노동자로서는 제법 큰돈이 오가는, 다르게 보면 종교의례와는 어울리지는 않는 살생과 도박이 얽혀 있는 현장이다. 닭싸움에서 승리한 닭의 주인은 상대방의 죽은 닭을 가지고 의기양양하게 집으로 돌아간다.

"동남아시아에서 가장 우아하고 아름다운 주술적 신앙과 관행을 가진 사람들"

의례 첫날, 어렴풋이 해가 질 무렵 마을 주민들은 다시 집으로 돌아가 저녁을 먹고 간단히 몸을 씻는다. 저녁 6시 전후 주민들은 반자르 중앙에 위치한 마을회관인 발레(bale)에 다시 모인다. 전통파수꾼 혹은 마을지킴이 등으로 해석되는 퍼찰랑(pecalang)

은 주변을 통제하고, 가믈란 연주단은 흥을 돋우는 연주를 시작한다. 얼마 지나지 않아 여성들이 그봉안을 머리에 이고 하나둘씩 발레에 도착한다.

여성들이 발레 앞에서 기념사진을 찍고 난 후 본격적인 행진이 시작된다. 퍼찰랑이 선두에 서고, 뒤를 이어 그봉안을 머리에 이고 있는 여성 그리고 가믈란 공연단이 뒤를 잇는다. 약 50명의 주민이 100여 미터의 행진 길을 만들고, 행진 길 사이사이 퍼찰랑이 원활한 이동을 위해 차량과 사람을 통제한다. 사원까지 약 2킬로미터를 행진한 후인 밤 7시에 의식이 시작된다.

기도를 드리는 주민 앞에서 퍼망쿠가 신의 강림을 기원하는 의례를 진행한다. 의례는 한 시간 만에 끝나고, 주민들은 사원에 있는 발레에 모여 그날의 공연을 함께 관람한다. 첫날

신에게 헌사하는 의미의 레공 공연. ⓒ 정정훈

은 선의 상징인 바롱과 악의 화신인 마녀 란다의 전설인 '바롱 (barong)'이 연행된다. 밤 9시 전후 첫날 오달란 의례는 끝나고, 마을 주민들은 집으로 돌아간다.

둘째 날과 셋째 날 의례 역시 비슷한 순서로 진행된다. 마을 남성들은 닭싸움과 주사위 게임의 일종인 코초칸(kocokan)으로 불리는 놀이에 집중한다. 여성들은 풍성하게 차려진 음식과 차를 즐기면서 이웃들과 정겨운 시간을 보내고, 아이들은 사원 강당의 비디오로 디즈니 만화나 영화를 본다. 이윽고 저녁 6시 전후에는 다시 그봉안을 머리에 인 여성들의 행진이 이어지고, 이번에는 조상신을 다시 천상 세계로 보내는 퍼망쿠의 기도가 이어진다. 사원 밖에서는 아이들이 술래잡기 놀이를 하고, 주민들은 바인 다두(bain dadu)라는 주사위 게임을 하거나 이웃들과 담소를 나눈다. 늦은 밤이 되어서야 주민들은 각자의 집으로 돌아가고, 퍼망쿠는 밤새도록 기도 의식을 진행한 후 새벽이 되어서야 공식적인 오달란이 끝난다.

인류학자 클리퍼드 기어츠는 발리인을 "동남아시아에서 가장 우아하고 아름다운 주술적 신앙과 관행을 가진 사람들"로 묘사한다. 오달란을 비롯한 성인식, 결혼식, 장례식까지 발리인은 종교의례를 활발하게 연행하고, 신앙을 위해 매 순간 진심을 다하기 때문일 것이다. 의례는 신의 강림, 개인과 가족의 행복, 마을의 평화를 원하는 발리인의 종교적 믿음에 근거한다. 또한 마을 구성원의 단합과 갈등해소라는 사회적 역할을 수행

키워드 동남아

신의 강림, 가족의 행복, 마을의 평화를 위해 기도하는 발리 사람들. ⓒ 정정훈

한다.

　관광객에게 발리 여행이 다른 여타 휴양지와 차별화된 지점이 이런 점이다. '마지막 지상낙원'으로 불릴 만큼 화려하고 다양한 의례가 연행되지만, 외부인에게 연행으로 보이는 의례와 전통을 유지하기 위해 주민들에게 엄격한 의무와 사회적 책무가 동반된다. 화려한 의례가 일상적으로 펼쳐지는 '신들의 섬'이기에 안전하고 믿을 수 있는 환경이 조성된 셈이다. 어느 신이 불결하고 추악한 공간에 강림하겠는가?

정정훈

종교

16.

신'들'이 모이는 땅,
동남아시아

'헝그리 고스트 페스티벌'. 직역하자면 '배고픈 귀신들의 축제'라고 할 수 있는 이날은 매년 음력 7월 15일로 중화권에서는 중원절로 널리 알려진 명절이다. 우리나라에서는 백중날이라 불리기도 한다. 매년 이즈음 동남아시아 전역에 퍼져 있는 화교 거주구역을 여행해본 이들이라면 거리 곳곳에 배고픈 귀신들을 위해 곡식, 과일 등 각종 음식을 두고 향을 피우거나 지전을 태우는 모습을 발견할 수 있었을 것이다. 과거 잠시 살았던 싱가포르에도 아파트 단지 곳곳에 지전을 태우는 용도의 드럼통이 상시 배치되어 있었다. 이 밖에도 동남아시아를 장기간 여행하거나 1년 이상 거주해본 경험이 있는 이라면 누구나 독특하고도 이질적인 신과 종교, 그와 연결된 명절과 풍습을 접하게 되는데, 이를 동남아시아가 가진 중요한 매력 가운데 하나로 꼽는 이들이 많다. 이런 명절들을 알고, 그 시기에 맞춰 여행을 계

매년 음력 7월 15일 즈음에 싱가포르를 여행하다 보면 거리 곳곳에 사진과 같이 향과 음식, 지전 등을 두는 광경을 발견할 수 있다. 위키미디어 코먼스 갈무리.

획한다면 쉽게 접하기 어려운 경험을 할 수도 있을 것이다.

다이내믹한 역사만큼이나
다양한 종교

동남아시아는 종교의 천국이다. 불교, 이슬람교, 기독교, 힌두교, 유교, 도교, 시크교, 유대교, 그리고 여전히 남아 있는 애니미즘, 샤머니즘과 같은 토착 종교 등 수도 없이 많은 종교가 있다. 게다가 이는 대강 구분한 것일 뿐, 더욱 깊이 파고들게 되면 불교의 경우 소승불교라 불리는 상좌부 불교와 중국에서 건너온 대승불교로 나뉘고, 기독교는 가톨릭, 프로테스탄티즘, 복음주의 등이 있다. 인도에서 건너온 힌두교 역시 종류가 셀 수도 없을 정도로 많은데, 그 가운데 인도 남부 타밀지역에서 건너온 힌두교가 대부분을 차지한다. 여기에 부족 수만큼이나 다양한 토착 종교는 말할 필요도 없다. 심지어 무슬림 가운데에도 지금은 정통 수니파가 대부분이지만, 근대 이전에만 해도 신비주의를 따르는 수피즘이 유행이었고, 그 유산이 소수나마 여전히 남아 있다. 이를 보면 동남아시아는 세계 단위 종교의 용광로이자 신들이 모이는 대지라 불러도 과언이 아니다.

동남아시아 종교의 다양성은 1,000년이 넘는 오랜 기간의 문명적 교류를 바탕으로 형성된 것이다. 인도와의 교류를 바탕으로 상좌부 불교가 대륙부 동남아시아에 자리 잡았고, 서아시아 무슬림 상인들의 활동으로 해양부 동남아시아에서 이슬람교가 자리 잡게 된다. 중국의 영향으로 유교와 도교, 대승불교가 베트남과 화교 거주구역을 중심으로 정착했다. 16~17세기 유럽인들의 진출을 계기로 가톨릭과 개신교가 전파되는데, 특히 필리핀은 스페인 식민의 영향으로 인구의 대략 80%가 가톨릭을 믿는다. 또한, 유럽 식민의 영향으로 인도인 이민자들이 몰려들면서 힌두교와 시크교 등이 들어왔다. 근대 시기 유럽의 진출과 함께 등장한 유대인들도 있다. 다만 그 결과 동남아시아 전체로 보면 다양한 종교가 모여 있지만, 개별 국가들은 대부분 특정 종교를 중심으로 주류사회를 형성했다. 상좌부 불교의 경우 타이(94%), 미얀마(87%), 라오스(64%), 캄보디아(97%)에서

세부의 아기예수 인형(Santo Niño). 최초의 세계일주로 유명한 마젤란 함대가 1521년 처음 필리핀 세부섬에 당도했을 때 현지의 왕이 환영하면서 가톨릭으로 개종한 것을 기념해 그 부인에게 주었다고 전해진다. 필리핀 가톨릭 전파의 상징과도 같이 여겨지고 현지 가톨릭 인구에게는 기적을 가져다주는 것으로 유명한 성물이다. 위키미디어 코먼스 갈무리.

국교에 가까운 주요 종교로 자리 잡았고, 인도네시아(87%), 말레이시아(61%), 브루나이(80%)에서는 이슬람교가 주류다. 스페인의 지배를 받은 필리핀(79%)과 포르투갈의 지배를 받았던 동티모르(97%)에서는 주민 대부분이 가톨릭을 오랫동안 믿어왔다. 특정 종교가 주류로 자리 잡지 않은 '유이'한 국가는 싱가포르와 베트남이다. 베트남의 경우 사회주의의 영향인지 무

교가 86%인 반면, 싱가포르는 20%의 무교를 제외하면 다양한
종교가 제 나름대로 균형을 잡고 있다.

동남아시아 외래종교의 집합체,
싱가포르

1819년 영국의 식민지가 된 이후 싱가포르는 자유무역항으로
근대 아시아에서 가장 바쁜 항구도시였다. 1920년대를 기준으
로 당시 싱가포르항은 전 세계 360여 곳에서 모여든 선박들로
붐비는, 세계 6위의 항구도시였다. 이는 곧 싱가포르로 전 세
계, 특히 아시아의 사람들이 모여들었다는 것을 의미했고, 그
다양한 이주민들을 따라 들어온 신들 덕분에 종교 역시 다양해
졌다. 당시 싱가포르는 최첨단의 근대적 기술 문명이 적용된 도
시이자 자유무역과 자본주의의 상징과도 같은 도시이면서도
전 세계 각지의 신들이 모여 함께 공존하는 종교의 도시였다.
그런 면에서 싱가포르는 근대 이후 동남아시아 종교의 다양성
을 함축하고 있는 도시라고 할 수 있다. 이러한 현상이 가장 극
명하게 드러나는 지점이 바로 명절이다. 당시 식민정부는 다양
한 종교적 배경을 지닌 이들을 관리하기 위해 공휴일 역시 인구
구성에 맞게 안배하는 모습을 보인다.

예를 들어 1929년 싱가포르, 페낭, 믈라카로 구성된 영국령
해협식민지의 공휴일 목록 가운데 종교 관련 공휴일은 다음

과 같았다. 1월 25일은 인도 타밀인들의 명절인 타이푸삼, 2월 11~12일은 춘절(한국의 음력 설), 3월 13일은 이슬람 최대의 축제로 라마단의 끝을 기념하는 하리 라야 푸아사, 3월 29일과 4월 1일은 부활절 관련 굿 프라이데이와 이스터 먼데이, 5월 20일은 이슬람 기념일인 하리 라야 하지, 10월 31일은 힌두교 최대의 축제인 디파발리, 12월 25일은 크리스마스였다. 흥미로운 점은 지금의 공화국 싱가포르 역시 이 명절을 거의 그대로 지킨다는

매년 10월 말에서 11월 초는 힌두교 최대 축제인 디파발리다. 싱가포르에는 힌두교를 믿는 인도인 인구가 5%에 불과하지만, 디파발리를 공휴일로 지정하고 있다. 사진은 디파발리를 기념하는 싱가포르 리틀 인디아 거리의 모습. 위키미디어 코먼스 갈무리.

것인데, 추가된 명절은 불교도들을 위한 석가탄신일 정도다. 현지에서는 '베삭 데이'라고 불린다. 힌두교 명절인 디파발리의 경우 남부 인도인들은 디파발리, 북부 인도인들은 디왈리라고 지칭하지만, 싱가포르를 비롯한 동남아시아에 주로 거주하는 인도인들은 남부 인도인들이 많아 주로 디파발리라 지칭한다. 그 밖에 시크교도, 유대인 등이 있었지만, 워낙 소수라 따로 그들의 명절을 공휴일로 지정하지는 않은 듯하다.

종교의 수만큼이나 신들의 종류도 다양했다. 힌두교와 함께 다신교의 대표주자인 도교는 주로 화교들이 믿었는데, 중국 대륙에서는 주로 상제, 관운장 등이 주요 신인 반면, 동남아시아의 화교 사회에서 중요한 신은 마조(媽祖)다. 한국인들에게는 생소할 수도 있는 마조 신앙은 중국 동남부지역과 동남아시아 전역, 타이완, 일본 등에서 바다와 화교 이주를 매개로 광범위하게 퍼진 종교다. 중국 북송 시기 푸젠 지역의 임씨 집안의 딸로 실존 인물인 듯한데, 사후에 푸젠인들을 중심으로 해신, 천비(天妃), 천후(天后) 등으로도 불렸다. 마조신은 바다의 여신인 까닭에 근대 이전, 중국 명나라 시기부터 중국과 동남아시아를 오가며 바다를 벗 삼아 살아가던 푸젠인들 사이에서 널리 신앙의 대상이 됐다. 1820년대 싱가포르에 처음 발을 디딘 푸젠인들이 가장 먼저 한 일도 천복궁(天福宮)이라는, 마조를 주신으로 모시는 도교 사원을 화려하게 짓는 것이었다.

마조신을 모신 싱가포르의 대표적 도교사원인 천복궁. 천복궁은 1900년대까지 수십 년 동안 개보수를 거치는데, 초기 건축될 당시에는 모든 목재를 비롯한 재료들을 푸젠 지역으로부터 공수했다. 위키미디어 코먼스 갈무리.

말레이시아 페락주에 있는 퐁선사대백공묘의 마조신 석상(맨 오른쪽). 맨 왼쪽의 석상은 역시나 동남아시아 화교들이 주로 신봉하는 도교신인 대백공이다. 가운데 석상은 마주신의 관문신으로 주로 나오는 천리안이다. 위키미디어 코먼스 갈무리.

종교로 인한
갈등과 대립

신봉하고 따르는 이들에게 신과 종교는 절대 선이면서 초월적인 존재이자 세계와 우주의 법칙을 이해하는 렌즈와도 같다. 그렇기 때문에 다양한 신과 종교가 모여 있다는 것은 필연적으로 절대적 믿음들 사이의 갈등을 낳을 수밖에 없다. 근대 서구에 의한 식민상태에서 동남아시아로 모여든 신들의 경우 '제국'이라는 우산 아래 상대적으로 평화롭게 공존할 수 있었다. 싱가포르가 그 가장 적합한 예다. 그러나 2차 세계대전과 함께 제국이 해체되고, 각 지역의 개별 공동체들이 국민국가로 독립하기 시작하면서 제국의 우산 아래 억눌려 있던 갈등들이 탈식민이라는 이름 아래 본격화했다. 냉전과 탈식민 과정에서 발생한 동남아시아의 다양한 격변 가운데 상당수는 종교가 그 이유였다. 대개는 특정 종교가 주류를 차지하고 있는 국가들이 국민국가로 전환하는 과정에서 탈식민을 명분으로 내세우며 소수종교를 압박, 관리, 배척하는 태도를 때로는 은연중에 때로는 노골적으로 보이면서 정치적 갈등으로 번지는 식이다.

앞서 언급한 것처럼 불교(타이, 미얀마, 라오스, 캄보디아), 이슬람교(말레이시아, 인도네시아, 브루나이), 가톨릭(필리핀, 동티모르) 등은 식민 시기 공존했던 소수종교를 탄압하면서 종교를 매개로 내부 결속을 다지는 전략을 취했고, 이는 매우 잘 먹혀들었다. 예를 들어 인도네시아가 독립하는 과정에서 발생한 이슬람교와 기독교 사이의 갈등이 있다.

오랫동안 포르투갈의 식민지였던 티모르섬 동부의 주민들이 1975년 식민을 벗어난 이후 2002년 동티모르로 정식 독립하기 전까지 이슬람 국가인 인도네시아로부터 수십 년 동안 학살과 탄압을 받은 일은 유명하다. 그 과정에서 동티모르 인구 대부분이 가톨릭으로 개종하면서 저항했다. 식민 시기 20%에 불과했던 가톨릭 인구가 저항의 과정에서 97%로 늘었다. 독립한 동티모르를 제외하고도 인도네시아에는 7%의 개신교 신자와 3%의 가톨릭 신자가 남아 있는데, 이는 대부분 네덜란드 식민과 포르투갈 진출의 영향이다. 점령 초기부터 네덜란드는 인도네시아 동부 지역의 작은 섬들을 중심으로 포교를 시작했고, 그에 따라 기독교 인구가 점차 늘게 되었다. 기독교를 믿는 일은 교육 및 보건, 문화의 측면에서도 어느 정도 서구화된다는 것을 의미했고, 개종한 현지 주민들은 식민정부에 의해 군병력 및 식민지 행정관료가 되어 자바섬과 수마트라섬의 현지인들을 관리했다.

동부 군도의 군병력과 용병은 자바인이나 수마트라섬의 아체인들을 총칼로 진압할 때에도 활용되었는데, 특히 말루쿠제도의 주민들이 암본인(Ambonese)이라 불리며 악명을 떨쳤다. 이들은 소수의 인종으로 다수의 자바인을 견제하고 통치하기 위해 수 세대 동안 고용된 집단이었고, 1916년에는 근대적 신식무기로 무장한 병력이 9,000명에 달할 정도로 강성했다. 대부분 '왕립 네덜란드령 인도군' 소속이었다. 그러나 2차 세계대전 직후 인도네시아가 네덜란드를 상대로 독립전쟁을 벌이면서 이들은 그대로 식민지의 앞잡이로 여겨져 배척당하는데, 1951년에는 네덜란드의 영향으로 기독교로 개종한 말루쿠인 군인들과 그 가족 1만 2,500명이 그나마 종교적·문화적으로 더 가까운 네덜란드로 떠나기도 했다. 현재 네덜란드에 거주 중인 약 4만 명의 말루쿠인 공동체 가운데 대부분은 이들의 후예다.

1978년 네덜란드에서 결성된 수아라 말루쿠 밴드. 밴드명은 인도네시아어로 '말루쿠의 소리'라는 뜻이다. 1985년 해체했고, <참으로 아름다운 암본(Ambon Manise)>이라는 노래가 유명하다. 암본은 말루쿠제도의 한 섬으로 향신료의 일종인 육두구가 특산이다. 1951년 네덜란드로 건너간 말루쿠인들 가운데에는 암본섬 출신이 많았다. 밴드명과 노래 제목만 봐도 알 수 있듯이 암본인들을 비롯한 말루쿠인들은 언젠간 고향으로 돌아가 말루쿠 공화국을 세울 것을 희망했다. 그 때문에 초기 이주한 말루쿠인들은 인도네시아 국적을 상실했음에도 네덜란드 국적을 거부하면서 자발적으로 무국적 상태에 머물렀다. 네덜란드 정부는 그 대신 네덜란드 시민권에 준하는 법적 지위를 보장해주었다. 다만 네덜란드에서 태어난 후예들은 네덜란드 법에 따라 자동적으로 네덜란드 국적이 부여되었다. Alamy stock photo 제공.

그 밖에도 동남아시아에서 주류 종교와 소수종교 사이의 갈등은 너무도 흔하고, 때론 탄압을 받으면서도 소수종교를 굳건히 믿는 공동체들이 곳곳에 있다. 필리핀 남부의 대섬인 민다나오섬에서 지금까지도 독립을 위해 투쟁하고 있는 무슬림 무장세력, 불교국가 미얀마에서 벌어지고 있는 무슬림 로힝야 탄압 및 기독교의 영향을 받은 소수민족 카렌족과의 갈등, 타이와 말레이시아 국경 지역에 공동체를 이루며 사는 말레이계 타이인 샘샘인들의 불교신앙, 타이의 말레이계 무슬림 공동체, 같은 무슬림임에도 인도네시아로부터의 분리독립을 위해 저항하는 아체인들 등 수도 없이 많다. 그런 이유로 동남아시아 지역을 연구하는 이들은 정치학, 인류학, 역사학, 경제학 등 전공과 무관하게 동남아시아에 익숙해지기 위한 첫걸음으로 겉핥기나마 종교부터 공부해야 한다. 동남아시아는 종교의 용광로, 신들의 대지이기 때문이다.

김종호

페라나칸 혼례

아시아, 아프리카, 중남미 과거 서구 식민지였던 어느 지역이
나 메스티소라 불리는 혼혈이 있다. 세계화가 가속화된 현재는
아무 의미 없는 구분이지만 인종적 편견으로 가득한 제국주의
시대에는 이를 반드시 구분했다. 아프리카와 중남미의 경우에
는 메스티소, 카스티소, 물라토 등 이름도 다양했고, 이 이름은
차별의 낙인 같은 역할을 했지만 동남아는 이와 상황이 달랐다.
중남미는 백인과 현지인의 혼혈이 압도적으로 많았던 것에 비
해 동남아는 아시아인끼리의 혼혈이 많았다. 유럽의 제국들이
인도, 동남아를 적은 인원으로 지배했던 탓인지 몰라도 오랜 기
간 동남아로 이주한 역사를 지닌 중국인과 동남아 사람들의 혼
혈이 다수를 차지했다. 따라서 똑같은 식민지의 역사적 경험이
있다고 해도 혼혈인종에 대한 차별과 멸시는 동남아의 일은 아
니다.

말레이시아에서 전통혼례를 올리는 신랑, 신부의 모습. 위키미디어 코먼스 갈무리.

　현지에서 태어난 혼혈들을 동남아에서는 페라나칸(프라나칸)이라 불렀다. 물론 스페인의 식민지였던 필리핀에서는 메스티소란 말이 쓰이긴 했다. 하지만 스페인 사람과 원주민의 결합으로 인한 혼혈을 메스티소라 부르는 중남미와 달리 중국인과 현지인 사이에서 태어난 사람도 메스티소라 부른다. 그러므로 메스티소와 페라나칸은 같은 의미로 쓰인다고 보아야 한다. 페라나칸 역시 부모의 혈통에 따라 중국계는 페라나칸 치나, 일본계는 페라나칸 제팡이라 부르며 말레이시아에서는 바바뇨냐라고도 한다. 어떤 이름으로 부르든지 중남미와는 다른 양상이었음은 분명하다. 또 서로 다른 생활방식을 고수해온 사람들의 융합으로 그들의 문화 역시 자연스럽게 섞였다. 혼례 풍습도 그중 하나다.

서양식 자유주의가 확산되고 새로운 바람이 불던 1930년대 이전에는 동남아의 젊은이들이 자유롭게 배우자를 정할 수 없었다. 이미 17세기부터 중국 남성들이 대거 이주했던 말레이시아도 마찬가지였다. 혼인적령기에 있는 젊은 남녀를 적절히 맺어줄 매파는 전근대 동남아에서도 매우 중요한 존재였다. 혼사를 성공시키려는 매파의 청이 솔깃하게 여겨지면 남자 쪽 집안에서 아가씨 집으로 사람을 보낸다. 아가씨 집에서는 손님을 맞아 빈랑이라고 하는 야자나무과 나무의 열매, 즉 베텔넛을 씹게끔 틈팟 시리(tempat sirih)라는 접대용 그릇을 내놓는다. 한쪽에는 베텔후추 잎인 시리가 담겨 있고, 다른 한쪽에는 베텔과 함께 씹을 거리들을 잘게 썰어 담는다. 베텔은 환담을 이끌어내는 중요한 접대품이다. 혼담의 주인공인 예비 신부는 예비 신랑 집안사람들에게 차와 다과를 대접한다. 신랑 집안사람들은 직접

베텔 씹기에 필요한 도구와 베텔넛을 담아두는 베텔함, 틈팟시리. ⓒ 강희정

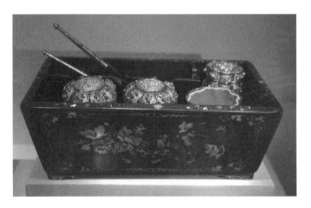

키워드 동남아

신붓감을 살피며 어른을 대하는 태도가 공손한지, 차와 떡을 내놓는 모양이 다소곳한지, 걸음걸이와 옷차림은 또 어떠한지 꼼꼼하게 볼 기회를 갖는다. 말하자면 어른들이 선을 보는 셈이다.

선의의 접대, 베텔 씹기

현재는 베텔을 씹는 것이 금지된 나라도 있지만 인도에서 시작된 베텔 씹기는 동남아의 관습이자 문화로 자리 잡은 지 오래다. 말레이 관습법에서는 베텔을 씹지 않는 사람이라도 베텔 접대를 받으면, 접대하는 이의 환대에 감사한다는 의미로 최소한 손대는 척이라도 해야 한다. 사실 베텔을 왜 씹는지는 우리 같은 이방인들은 절대 이해 못 한다. 들큼한 맛이 나면 주전부리라고나 하겠지만 베텔 잎에 조개껍데기로 만든 석회를 얹어 쌈처럼 베텔을 싸서 씹는 게 무슨 맛이 있을까? 후추나무과에 속하니 알싸하게 침샘을 자극해서 입안에 침이 고이는 효과는 있겠다. 일각에서는 베텔이 일종의 마약성 최음제 구실을 한다는 말도 있지만 베텔을 씹다 보면 이가 검붉게 물들고, 검어진 치아가 구강 건강에도 좋을 리 없다. 그뿐인가? 씹고 난 찌꺼기를 아무 데나 퉤퉤 뱉으니 길거리 미화 차원에서라도 금지하는 게 나을지도 모른다. 그래도 베텔 씹기는 관습이자, 필수적인 선의의 접대로 널리 받아들여졌다. 동남아를 식민지배했던 유럽

혼례식에서 신부가 쓰는 화려한 화관. 싱가포르 아시아문명박물관 소장. ⓒ 강희정

인들에게도 퍼졌던 문화이니 굉장히 유혹적인 풍습이었다는
건 분명해 보인다. 그렇다 보니 호화찬란한 베텔 그릇들이 만들
어졌다. 금과 은으로 장식한 것은 물론이고 베텔을 뱉는 용기로
값비싼 중국 도자기까지 주문해다가 수입했을 정도다. 호사스
럽게 차려입은 귀부인들이 질경질경 베텔을 씹다가 핑크빛 도
자기에 뱉는 모습은 상상이 잘 가지 않지만 말이다.

혼인이 결정되면 예비 신랑이 붉은색 청첩장을 붉은 봉투에
넣어 집집마다 찾아다니며 혼례를 알린다. 청첩장을 돌릴 때,
맨손으로 다니면 안 된다. 웨딩 플래너 역할을 하는 남자 친지
가 청첩장과 함께 '꿰(쿠이·쿠에)'를 나눠준다. 꿰는 과자의 호
키엔(복건) 방언으로 일종의 떡이다. 중국에서 대보름에 먹는
찹쌀떡 탕위안(탕원)이 꿰의 기원이 되었다고 한다. 청첩장을

돌리는 날은 붉은색과 흰색으로 달콤하게 만든 새알심 같은 꿰를 대접하는 날이다. 붉은 꿰는 복을, 하얀 꿰는 순결을 뜻하고, 단맛은 신랑·신부의 달콤한 결합을 뜻한다. 만일 혼례에 초대할 사람이 여성이면 양가의 신랑·신부 어머니가 청첩과 별개로 이들을 따로 부른다. 어머니들은 여성 친지와 함께 이들의 집을 방문해 한타르 시리(hantar sirih)를 한다. 한타르 시리는 시리를 나른다는 뜻이다. 얇게 썬 베텔넛을 넣어 삼각형으로 싼 베텔후추 잎, 즉 시리를 작은 은제 그릇에 담아 비단 보자기에 싸서 건네주기 때문에 붙은 이름이다. 양가의 어머니들이 집집마다 시리를 건네며 따로 초청하는 것이다. 여성 친지들에게 베텔을 주며 초청하는 것은 말레이식이고, 신랑 집안에서 꿰를 돌리는 관습은 중국식 절차에서 비롯했다.

24가지 반찬과
함께 먹는 나시르막

최소 12일이 걸리는 길고 복잡한 혼례식 전전날에는 약혼식이 열린다. 이날은 혼수를 교환하고 두 집안 어머니와 여자 친척들이 모여서 같이 나시르막(nasi lemak)을 먹는다. 나시르막은 말레이시아, 인도네시아에서 먹는 쌀밥이다. 나시는 쌀밥이고, 르막은 기름, 지방을 뜻하는데 원래 코코넛밀크를 넣어 지은 밥이라 좀 더 기름지고 부드러운 까닭에 나시르막이라 이름했다. 요즘은 보통 쌀밥과 별다를 바도 없지만 원래 나시르막은 잘 짓기가 어렵다. 우리 쌀밥 짓듯 하는 게 아니고, 바나나잎을 깐 나무 찜통에 쌀을 넣고 찐 밥이기 때문이다. 숙련된 솜씨를 지닌 전문가라야 제대로 만들 수 있다. 무엇보다 쌀이 잘 익어야 하고, 쌀알에 코코넛의 풍미가 잘 배어 있게 찌기가 쉽지 않은 까닭이다. 이 과정을 여러 번 반복해야 코코넛 향이 잘 배어든 나시르막을 지을 수 있다. 더욱이 일생의 중요한 혼례를 약속하는 날 여성 친지들이 모여 먹는 밥이니만치 밥 짓는 전문가가 동원된다. 비비 나시르막, 즉 나시르막 아줌마이다. 우리도 예전에 밥모니 찬모니 하는 분들이 있었던 것과 같다.

약혼날 나시르막은 24가지 반찬과 함께 제공된다. 이를 삼발 스룬딩(sambal serunding)이라 이르는데, 신랑과 신부 양가의 여성 친지 대표들이 모여 혼인을 최종적으로 승인하는 의례가 된다. 스룬딩은 말레이어로 협상을 뜻하는 '룬딩'에서 왔다. 양가가 혼인을 승인하는 데 최종 합의했다는 뜻으로 신랑 집에서 제공하는 나시르막을 같이 먹는다. 여기에는 말레이, 인도네시아에서 없어서는 안 되는 양념, 삼발이 곁들여진다. 혹시 동남아를 가본 분들은 기억날 것이다. 고추장도 아니고 고추도 아닌, 맵고도 걸쭉한 삼발을. 혼례식에 앞서 양가에서 나시르막을 함께 먹는 특별한 날을 위해 20여 종이 넘는 다양한 삼발을 만든다. 혼례 절차는 중국식을 많이 따랐지만 세부적으로는 현지 말레이인 관습과 이슬람의 관습이 섞여 있는데 삼발도 그중 하나

다양한 뇨냐꿰.ⓒ강희정 　　　떡을 만드는 각종 틀.ⓒ강희정

다. 중국 사람들은 그다지 매운 음식을 즐기지 않기 때문에 고
추, 마늘, 양파 등을 이용해 만드는 삼발은 현지 음식문화가 뿌
리 깊이 섞였다는 것을 뜻한다.

　나시르막만이 아니고 약혼날은 꿰를 잔뜩 만들기도 한다. 어
쩐지 우리네 잔칫날에 떡과 다식을 만들던 풍경이 떠오른다. 꿰
는 주로 말레이계 여성을 지칭하는 뇨냐란 말을 써서 뇨냐 케이
크라고도 부른다. 우리도 백설기, 가래떡, 증편 등 떡의 종류가
많듯이 꿰도 마찬가지다. 중국의 다과 전통에다 말레이의 맛과
재료를 혼합했으니 그 종류는 아주 많다. 거기에 열대 과일 파
인애플, 바나나, 코코넛 등 현지 재료까지 확장해서 다양한 꿰
를 창조하기에 이르렀다. 파인애플 과자인 꿰 타르를 비롯해 무
지개떡을 닮은 꿰 겅강, 쌀가루에 코코넛밀크와 야자 시럽, 바

붉은 장막을 두른 혼례용 침대. 싱가포르 아시아문명박물관 소장. ⓒ 강희정

페라나칸 혼례복. 싱가포르 아시아문명박물관 소장. ⓒ 강희정

　　　　　　　　　　　　　　　키워드 동남아

나나 조각을 넣은 아폼 브르쿠아 등이 다 현지화된 떡이다. 순쌀이나 찹쌀로 떡을 만드는 우리와 달리 꿰는 녹말과 고구마류 작물인 얌을 섞어 반죽하기도 한다. 그래서 식감은 우리네 떡과 약간 다르다. 신방을 이미 차린 후에 약혼으로 양가의 최종 합의를 확인하는 것이라 혼례식은 이를 공식화하는 형식적인 절차일 뿐이다.

붉은 등이 걸렸다. 혼례의 신호다. 대문 앞에 건 붉은 등롱 왼쪽에는 가족의 성을 쓰고, 반대편에는 신화나 민담을 그렸다. 중국식 혼례처럼 보이지만 그들의 혈통만큼이나 복잡한 전통이 뒤섞였다. 처마에 걸어둔 등이 바람에 흔들리면서 잔치 분위기는 더욱 고조된다. 신랑 집에서 마련한 나시르막을 나눠 먹고 나면 신부는 녹색 예복으로 갈아입고 신랑 집으로 떠난다. 기쁨 반 슬픔 반으로 얼룩진 이별의 순간을 뒤로하고, 신랑 집에 도착한 신부는 시어른들에게 무릎을 꿇고 머리를 조아리는 큰절을 올린다. 말레이어로 슴바(sembah)라고 한다. 우리나라 전통 혼례처럼 주례가 주도해 혼례 절차가 이뤄지니 그 골격은 중국식으로 보인다. 하지만 혼인식 3일 전에는 말레이 신부가 친구와 친지를 초대하고, 이들이 예비 신랑과 신부의 손가락에 헤나로 다양한 그림을 그리는 헤나 물들이기도 한다. 인도 힌두 전통에서 비롯한 것이다. 이슬람 율법에 따른 혼인은 현대식 결혼처럼 보호자, 증인, 혼인 반지만 갖추면 그만인데 비이슬람 말레이인들의 혼례는 인도, 중국, 말레이의 문화와 전통을 받아들여 다중적이고 혼종적이었다. 최근 타이 푸껫 등지에서는 이런 페라나칸 전통 혼례를 약식으로 치러주는 행사도 한다. 이미 결혼한 사람도 혼례를 다시 치를 수 있어서 나름대로 인기가 있다. 전통 복원이 목적이 아니라 관광이 목적이긴 하지만 말이다.

강희정

전통의상

18

동남아의 전통의상과 문화 자본

하얀 아오자이가 긴 장대 끝에서 깃발처럼 펄럭인다. 2010년 개봉한 영화〈하얀 아오자이〉의 한 장면이다. 영화는 굴곡진 베트남 현대사 속 여성의 생을 그린 작품이다. 원래 같은 제목의 소설을 영화화한 것이고, 한국에는 이 책이 1986년《사이공의 흰 옷》이란 제목으로 번역·출간된 바 있다. 영화 속에서 하얀 아오자이는 베트남 여성의 고결한 품성과 모성애를 상징하는 메타포로 쓰였다. 베트남 여성의 강인한 정신을 보여주는 듯한 아오자이이지만 뜻밖에도 오늘날 우리가 보는 것과 같은 아오자이의 전통은 그다지 오래되지 않았다.

베트남 정신의 상징,
아오자이

우리 한복도 그랬지만 베트남 전통의상도 시대에 따라 변했는데, 오늘날과 같은 아오자이는 베트남 최후의 통일왕국을 세운 응우옌 왕조 때 기본형이 만들어졌다. 이후 프랑스 식민지배기인 1930년대에 여성의 상체에 딱 붙는, 허리부터 옆이 트인 긴 상의에 나팔바지처럼 폭이 넓어진 바지를 입는 서구식 디자인이 가미되었다. 그러다 보니 호치민이 아오자이를 입지 말자고 할 정도로 새로운 아오자이는 구시대, 식민체제, 봉건의 상징으로 여겨져 북베트남에서 한동안 백안시되기도 했다. 이러한 기조는 베트남 전쟁이 끝나고 통일이 된 후에도 얼마간 유지됐다. 베트남의 전통 복식으로 존중해야 한다고 하는 쪽과 서구화된 아오자이를 멸시하는 쪽이 공존했다. 하지만 개혁개방 이후 경제성장과 함께 〈하얀 아오자이〉에 나오는 것처럼 아오자이가 학교 교복이나 국영기업의 유니폼으로 선정되면서 다시 아오자이는 베트남 민족정신을 드러내는 전통의 상징이 되었다. 베트남 국영 항공사 여성승무원의 유니폼 역시 아오자이에 기반한 디자인이다.

전통 복식에 바탕을 둔 동남아 항공사 승무원복은 베트남항공 말고 다른 곳에서도 볼 수 있다. 1968년 처음 대중에게 소개된 싱가포르항공의 승무원복도 비슷하다. 싱가포르는 말레이

사롱 크바야를 변형시킨 싱가포르항공의 여성 승무원복. 위키미디어 코먼스 갈무리.

반도 끝에 위치한 만큼 말레이시아와 지리적·문화적으로 가깝
다. 싱가포르항공 여성승무원의 복장 역시 말레이 전통 복식인
사롱 크바야에 기원을 둔 것이다. 유니폼의 천과 무늬도 말레
이·인도네시아 고유의 바틱(초로 염색한 기하학적인 무늬나 천)에서
나왔다. 싱가포르항공사의 유니폼은 50년이 넘도록 바뀌지 않
았는데, 이를 처음 디자인한 피에르 발맹(Pierre Balmain)은 뒷날
디자인을 고쳐달라는 요구를 거부하고 입고 벗기 편하도록 일
부만 손질했다고 한다. 그만큼 싱가포르를 상징하는 우아한 복
식으로 더할 나위 없다는 뜻이었다. 싱가포르항공 승무원복도
프랑스 디자인을 만나 현대적 감각으로 재탄생한 셈이다.

　현대적 변형이 이뤄지긴 했지만 말레이시아항공의 승무원복
은 색과 디자인, 무늬가 모두 싱가포르항공과 차이를 보인다.

둘 다 사롱 크바야라는 점은 같지만 말이다. 말레이시아 국영항 공사의 승무원복은 약간 어두운 청록색 바탕에 핑크색 꽃이 그려진 직물에 앞섶을 여미는 방식의 옷이다. 색의 조합이 마치 프라나칸(페라나칸) 도자기를 보는 듯하다. 굳이 따지자면 전통적인 사롱 크바야는 말레이시아, 인도네시아, 싱가포르, 브루나이 등에 사는 말레이계 사람들의 여성 의상이다. 따라서 인도네시아 국영항공사인 가루다 인도네시아의 여성승무원도 유니폼으로 사롱 크바야를 입는다. 색과 무늬는 달라도 말레이시아항공과 가루다 인도네시아항공 승무원의 상의 디자인이 비슷했던 것은 이들 승무원 복장이 모두 사롱 크바야의 변형이었던 까닭이다.

문화유산으로
존중받는 전통의상

2019년 가루다 인도네시아는 국내선 자카르타~스마랑 구간에서 더욱 전통적인 크바야로 여성승무원의 복장을 바꾼 바 있다. 가루다에서는 이에 대해 "우리의 문화유산으로, 그리고 인도네시아 정체성의 중요한 부분으로서 크바야를 지키겠다는 약속"이라고 밝혔다. 당시 인도네시아에서 일상복으로서의 크바야 착용 바람을 불러일으키기 위해 일어난 SNS 캠페인 #슬라사브르크바야(#SelasaBerkebaya, Kebaya Tuesday)와 무관하다고 할 수는 없을 것이다. 우리나라에서 한복주간을 만들고, 한복 입기 운동을 하는 것과 비슷하다. 어떤 의미에서는 말레이권 여러 나라에서 사롱 크바야를 전통의상으로 간주하다 보니 인도네시아가 '크바야의 종주국'임을 강조하려는 움직임일 수도 있다.

사롱(사룽)은 남녀 구분 없이 입는 하의인데 지역마다 입는 방식이나 천의 직조, 무늬 등은 다르다. 보통 직사각형의 천을 따로 재단하지 않고 허리에 두른다. 때로 앞쪽 중앙에서 차곡차곡 여러 겹으로 접어 주름을 잡기도 한다. 크바야는 여성들이 입는 블라우스다. 크바야 역시 전통이 아주 오래됐다고는 보기 어렵다. 원래 인도네시아 자바에 있었던 마자파힛 왕국의 왕실 여성

전통적인 크바야에 가깝게 바꾼 가루다 인도네시아의 여성승무원 유니폼. 위키미디어 코먼스 갈무리.

들이 입었던 옷에서 기원했다고 하지만 그 역시 오랜 세월 동안 변화를 겪었던 탓이다. 자바 왕족들이 입던 옷을 네덜란드 지배기에 유럽에서 온 여성들이 정장으로 입기 시작하면서 옷에는 변화가 생겼다. 무엇보다 크바야라는 이름이 아랍어 카바(Kaba)에서 왔다는 것도 시사하는 바가 크다. 카바는 서아시아, 인도 북부의 이슬람 지배층이 입었던 겉옷인데 길고 헐렁한 재킷을 말한다. 이것이 동남아로 전해지면서 17세기경에는 신분이 높은 남녀 귀족들이 입게 됐다는 것이다. 18세기께 바타비아(현 자카르타)에 살던 네덜란드인과 유라시안(주로 네덜란드인과 인도네시아인 혼혈) 여성들이 인도에서 수입한 직물로 만든 흰색의 긴 크바야에 풍성한 치마를 입으면서 크바야가 여성의 상의로 보편화되었다. 대략 이 무렵에 인도 고야로부터 레이스를 만드는 기술이 동남아에 전해지면서 크바야도 화려한 레이스로 장식되기 시작했다. 19세기 중반에는 화려한 레이스로 장식된 흰색 크바야에 고급 바틱 사롱을 입는 것이 높은 신분의 상징이 되었다.

크바야와 비슷한 상의로 바주 판장이 있다. 크바야가 앞으로 여미는 블라우스 방식이라면 바주, 바주 판장은 긴 튜닉 형태의 가운 같은 옷을 말한다. 바주는 페르시아어로 팔을 뜻하며 역시 긴 치마와 함께 입었다. 크바야가 좀 더 화려하고 여성스러움이 강조된 짧은 옷이기는 하지만 지역에 따라 크바야와 바주 판장을 섞어서 부르기도 했다. 저마다 다른 말을 쓰는 워낙 다양한

바주 판장을 입고 크롱상을 단 탄벵완부인 초
상화. ⓒ 강희정

앞을 여미기 위한 브로치에 해당하는 크
롱상. 싱가포르 아시아문명박물관 소장.
ⓒ 강희정

사람들이 섞여 살다 보니 일어난 일이다. 중국의 역사서에는 동
남아에서 면화, 면직을 가져왔다는 기록이 종종 나오지만 실제
로 근대 이전까지 면직물은 인도 특산이었다. 따라서 크바야건
바주 판장이건 직물 자체는 화학섬유가 나오기 전까지 면직 아
니면 실크였다. 사롱은 바틱이나 격자무늬의 면직을 이용하는
경우가 많았다. 19세기 후반 값비싼 의류들은 영국산 면직물을
수입해 자바에서 디자인한 문양을 그려 만든 바틱을 이용했다.
천연재료로 염색한 바틱은 색이 좀 어두운 편이었기 때문에 화
려하게 장식하려고 보석을 썼다. 앞을 여미는 데 쓰이는 브로치
를 크롱상이라 부르는데, 부유층 여성들은 다이아몬드 등 값진
보석으로 크롱상을 만들어 달았다.

필리핀 전통의 남성 셔츠인 바롱을 입은 마르코스와 부인 이멜다, 1970년 사진. 위키미디어 코먼스 갈무리.

    동남아 복식이 바뀌는 데에는 직물의 수급, 장식용 보석 거래가 중요한 역할을 했다. 네덜란드, 영국은 물론, 인도, 서아시아의 상인들도 이 시장에 뛰어들었다. 서구의 식민지였던 나라에서 복식은 더욱 다양하게 변해갔다. 필리핀의 경우는 좀 더 드라마틱하다. 필리핀 남성의 전통의상으로 자리 잡은 바롱은 필리핀 현지어인 바롱 타갈로그(Barong Tagalog)를 줄인 말로 '타갈로그의 옷'이라는 뜻이다. 수를 놓아 화려해 보이는 흰색 셔츠인 바롱 역시 필리핀에서 축제나 결혼식 때 입는 정장이다. 필요는 발명의 어머니라고, 특이하게도 파인애플잎과 마닐라삼이라고 알려진 바나나과 식물에서 얻은 섬유로 짠 직물로 만들었다. 얼핏 보면 모시옷처럼 속이 훤히 비치는 얇은 옷이라 더운 나라에 맞게 만들었구나 싶지만 사실 바롱의 탄생에는 비극적인 식민지 현실이 숨어 있다. 스페인이 필리핀을 식민지배할 때 원주민을 쉽게 구별할 셈으로 바롱을 입게 했고, 바롱 셔츠 밑단을 바지 속으로 넣지 못하게 했다는 이야기가 있다. 제국주의 저항세력들이 옷 안에 몰래 무기를 감추지 못하게 하려는 의도였다는 것이다. 바롱은 상당히 로맨틱해 보이지만 저렇게 훤히 들여다보이는 옷이라면 아무것도 감출 수 없었을 법하다.

문화자본이 되는
전통의상

지난 2019년 한-ASEAN 정상회의 때 미얀마의 아웅산 수치는 버마족 전통의상을 입었다. 이렇게 동남아의 정상들이 국제회의에서 자기 나라 전통의상을 입고 나온 일이 종종 있다. 인도네시아나 말레이시아 정상도 바틱으로 만든 전통복식 차림으로 공식 회담장소에 나타나고, 타이 총리도 마찬가지다. 이들 국가수반들은 자신들이 전통 복식을 민족정신의 상징으로 여기고 이를 지키는 역할을 한다고 주장하는 것이다. 꼭 말로 해야만 주장이 되는 것은 아니다. 때로는 보여주는 것만으로도 강력한 힘이 될 수 있다. 독립의 역사가 짧고 정치적으로 안정성이 낮은 경우는 더욱 전통을 중시한다. 유독 한국의 전통문화를 강조했던 박정희 시대가 그랬고, '국풍'81'이라는 관제 이벤트를 개최한 제5공화국이 그랬다.

　전통의상을 입는다는 것은 민족을 상징하는 옷으로 자신의 나라를 대표한다는 뜻이다. 동남아 여러 나라의 국가수반들은 독립하자 곧 공식석상에서 자신들의 전통을 보여주는 옷을 입기 시작했다. 식민지배에서 벗어난 지 이미 수십 년이 흘렀지만 탈식민을 위한 자국 전통의 강화는 동남아에서 여전히 현재진행 중이다. 우리나라는 디자인과 색이 달라도 한복 하나로 통일되지만 다종족국가인 동남아는 이와 다르다. 어느 나라도 하나의 의상이 전체를 대변할 수 없다. 한 나라의 정상이 특정한 종족의 전통의상을 입는다면 특정 종족 중심의 문화우월주의라고 할 수 있다. 전통의상을 입음으로써 내적 통합을 꾀한다고 하지만 통합의 대상이 되는 주류 종족과 그 바깥에 있는 소수종족은 구별되기도 한다. 버마족 의상을 입은 수치는 버마족의 전통을 강조하고 버마족의 단결을 촉구한 셈이기도 하다. 민족 통합을 내세운 전통의상은 다수를 점하는 지배종족의 상징자본으로 작동하고, 소수종족에게는 상징폭력이 될 수 있다. 지배종족 중심의 '전통만들기'에는 한 나라 안의 종족 간 위계가 숨어 있다.

　　　　　　　　　　　　　　　　　　　　　　　강희정

베트남대중음악

19.
'베트남의 밥 딜런'찐꽁선,
그의 노래가 분단을 넘다

베트남의 새해는 봄의 시작이다. 베트남어로 '뗏(Tet)'인 음력 설은 연중 가장 큰 명절이다. 설 일주일 전 부엌신인 옹따오(Ong Tao, 조왕신)가 한 해 가정사를 하늘로 보고하러 가는 날로부터 설 준비는 본격적으로 시작된다. 설 연휴는 보통 일주일인데, 농촌에서는 한 달 정도다. 설 때 사람들은 마을 축제를 열고 봄을 준비한다. 올해 농사를 계획하고, 결혼식을 올려 일생을 계획한다. 새해를 맞아 〈첫봄(Mua xuan Dau tien)〉 노래가 거리에 흘러넘친다. 1975년 4월 통일 후 첫 설을 맞으며 국민 작곡가 반까오(Van Cao)가 국민들에게 이 희망의 노래를 선물했다. 30년간 전쟁 끝에 독립과 통일을 이룬 뒤 맞는 봄의 기쁨을 노래했다. 그는 일찍이 1944년에 〈진군가〉를 작곡했으며, 이 곡은 호찌민에 의해 베트남 국가가 됐다. 반까오의 〈첫봄〉은 희망을 주는 흥겨운 곡조의 노래지만, 통일 후 베트남에서는 '냑도(nhac do)',

즉 '레드 뮤직'이 주류를 이루고 있었다. 사회주의형 인간에 걸맞은 힘찬 음악이 강조됐다. "베트남, 호찌민…"을 불러야 힘이 생겼다. 꼭 '레드 뮤직'이라고 할 순 없지만, 〈하노이를 그리워하며(Nho ve Ha Noi)〉를 부르며 포탄 사이를 뚫고 지낸 간난신고한 삶을 돌아보곤 했다. 이는 사람들이 전쟁과 곤궁한 시기를 겪어내는 힘이기도 했다. 민족의 독립과 국가의 통일이라는 대의 앞에서 나약한 감정들은 구석에 묻어둬야 했다.

'레드 뮤직'에서
'골든 뮤직'으로

그러나, 사람들의 감성에 호소하는 음악들도 마음 저 깊은 곳에 살아 있었다. 바로 '냑방(nhac vang)'이었다. '냑'은 음악의 악, '방'은 노란색 또는 황금을 뜻하니 곧 황색 음악 또는 '골든 뮤직'이다. 베트남 통일 후 정부는 남부 음악이 사랑, 슬픔 등을 담고 있어 퇴폐적이고 사회주의 혁명 도덕에 들어맞지 않는다는 이유를 들어 '냑방'을 금지시켰다. 하나, 인간의 감성을 어찌 억누르랴. 사랑, 이별, 슬픔을 담은 노래가 어느 사회라도 어찌 없을 수 있겠는가. '냑방'은 한국으로 치면 '7080' 중 '70' 노래라고 할 수 있으며, 〈가요무대〉에서 불릴 만한 더 이른 시기의 대중가요로 볼 수도 있다. 모던 클래식이라고 하겠다. 통일전 '냑방'은 남부 대중음악의 조류 중 하나였는데, 통일 후에는 통일 전 남부의 서정적, 낭만적 음악을 통틀어 '냑방'이라 부르기도 한다. 베트남이 개혁을 추진하면서 '냑방'이 대중들 사이에 유행해, '냑방'은 이제 저급한 황색 음악에서 품위 있는 골든 뮤직이 됐다. 최근 베트남 대중음악은 세계적 유행을 따르고 있어 다양한 장르가 공존한다. 한국에 '7080' 노래만이 아니라 트로트, 포크, 힙합, 랩 등 다양한 케이팝 장르가 있듯이 말이다. 현재 베트남 대중음악인 브이팝(V-Pop)의 가수로는 선뚱(Son Tung M-TP) 등이 유명하며, 포크 음악만 해도 레깟쫑리(Le Cat Trong Ly), 틴수이(Thinh Suy) 등 여러 가수가 각자의 개성 넘치는 음악을 다양하게 발산하고 있다.

'베트남의 밥 딜런'
찐꽁선

통일 이전 남부 대중음악 가운데 현재 가장 인기 있는 노래는 찐꽁선(Trinh Cong Son)이 작곡한 곡들이다. 찐꽁선 음악을 줄여 '냑찐'이라고 한다. 그의 음악은 엄밀히 말하면 통일 전 남부에서 비주류에 속했으나, 통일 뒤 서정적 남부 음악을 폭넓게 '냑방'이라 칭할 때 거기에 포함된다. 찐꽁선은 1939년 남서부 산간지대 부온마투옷에서 났다. 그곳은 베트남 커피의 주요 산지다. 그는 본관이 트어티엔-후에이고 어린 시절엔 중부지방 후에에서 자랐다. 아버지는 프랑스 식민당국에 저항해 투옥되기

베트남의 골곡진 역사를 살아낸 찐꽁선. 찐꽁선 가족 제공.

도 했다. 찐꽁선은 그 뒤 사이공으로 옮겼고, 리세 장자크 루소에서 공부했다. 이 고등학교는 전에 리세 샤슬루-로바였는데 1958년에 이렇게 교명을 바꿨다가 1970년에 레꾸이돈 고등학교가 됐다. 장자크 아노가 프랑스 식민지 시기의 베트남을 소재로 만든 영화 〈연인〉에서 여주인공이 다니던 학교다.

베트남이 프랑스와 일본의 식민지배에서 벗어나 1945년 9월에 베트남민주공화국으로 독립했지만, 프랑스가 식민지를 복구하려고 베트남으로 돌아온다. 프랑스의 복귀에 베트남인들은 맞섰고, 이 저항은 1946년 말부터 제1차 인도차이나전쟁으로 전개된다. 베트남 사람들은 이를 항불전쟁, 즉 프랑스에 대

키워드 동남아

한 저항전쟁이라고 부른다. 이 전쟁은 1954년 5월 북서부 산간지대의 디엔비엔푸에서 대격전을 치르고서야 끝났고, 7월 제네바협정으로 베트남은 남북으로 분단됐다. 제네바협정은 1956년 7월까지 전국총선거를 통해 통일국가를 세우도록 정했는데, 남부 정권이 이를 거부해 분단이 지속된다. 북부의 베트남민주공화국과 남부의 베트남공화국이 대치했다. 각각 사회주의와 자유주의를 이념으로 삼았지만, 모두 권위주의 체제였다. 남북 베트남 간, 그리고 외국이 개입한 베트남전쟁은 1964년에 직접 총구를 겨누는 열전으로 전환한다.

이런 가운데 찐꽁선은 1962년에 중남부 꾸이년으로 가 사범학교에서 심리학과 교육학을 공부했다. 그는 졸업 후 남서부 산간지대에 있는 럼동의 한 초등학교에서 교편을 잡았다. 그러면서 1960~70년대에 대중가요 500여 편을 작곡했다. 찐꽁선은 사랑, 운명, 반전 등을 자신의 음악에 담았다. 그는 《까쿡자방(Ca khuc da vang)》, 직역하면 '황색 피부 가곡' 앨범을 냈다. 거기에 든 〈어머니의 유산〉은 전쟁으로 점철된 베트남 역사에서 자녀를 잃은 어머니의 슬픔을 드러냈고, 〈후에, 사이공, 하노이〉는 통일의 염원을 담았다. 〈아가야 자거라〉 같은 반전 가요는 전사한 아들을 그리워하는 어머니의 마음을 절절히 그려내 남부 정권의 심기를 건드렸다. 이 노래는 1970년대 초 일본의 반전운동가들 사이에서도 유행했다고 한다. 그는 남북 화합을 노래한 〈큰 손을 부여잡고〉를 1968년에 작곡했으나 1975년 통일을 앞

두고서야 부를 수 있었다. 미국의 반전 가수 존 바에즈는 베트남의 반전 가수 찐꽁선을 "베트남의 밥 딜런"이라고 했다.

음악인들의
곡절 있는 삶의 여정

통일 이후 찐꽁선은 가족들 여러 명을 캐나다로 보내고도 베트남을 떠나지 않았다. 그는 중부 후에 근처에 있는 '신경제지구'로 4년간이나 보내졌다. 신경제지구는 남부 도시의 과밀 인구를 강제로 지방에 이주시키려고 만든 곳이다. 그가 통일 전 남부에서 고위급 인사가 아니었고, 또 반전 음악가였다는 점이 참작돼 장기간 그곳에 있지는 않고 복귀할 수 있었다. 음악가로서 그에게 중요한 문제는 그의 노래가 어찌 될 것인가였다. 통일 후 그의 노래는 '낙방'으로 낙인찍혔고, 1990년대 후반에 가서야 조금씩 풀렸다. 통일 이후 그의 반전 가요는 불릴 필요가 없게 됐기에 이제는 낭만적이고 서정적인 노래들이 주로 불리고 있다. 이렇게 찐꽁선은 식민지, 독립, 분단, 통일, 자유주의 체제, 사회주의 체제로 이어지는 베트남 역사를 온몸으로 살아냈다. 찐꽁선은 2001년에 세상을 떠났지만, 그의 노래는 지금도 베트남 사람들 사이에 널리 퍼져 있다.

통일 이전에 남부에서는 카인리(Khanh Ly)가 찐꽁선의 노래를 주로 불렀다. 약간 허스키한 그의 목소리는 시대의 슬픔을 묻혀

내기에 잘 맞았다. 하노이 출신인 카인리는 남북 분단 후 1956년에 가족과 함께 남부로 내려왔다. 그는 달랏에 있다가 찐꽁선을 만나 함께 음악을 하기 위해 사이공으로 거주를 옮긴다. 이들은 사이공 문과대학, 현재 호찌민시 인문사회과학대학 캠퍼스에 있던 꽌반(Quan Van)이라는 곳에서 자주 공연했다. 베트남이 통일될 즈음 카인리는 미국으로 이주했다. 그 후에는 하노이 출신 홍능(Hong Nhung)이 찐꽁선 노래를 거의 독점하다시피 했다. 그의 목소리는 북부 전통음악을 현대음악과 결합해 낮고 부드러우면서도 깊은 감성을 파워풀하게 뿜어내는 소리라고 평가된다. 홍능은 베트남의 3대 디바 중 한 명이다. 2009년 홍능이 캘리포니아 새너제이(산호세)에서 카인리와 손잡고 찐꽁선의 〈하노이 가을을 그리워하며〉를 함께 부를 때 사람들은 남북 화합을 보았다. 하노이 출신 두 여가수 카인리와 홍능이 남부 출신 찐꽁선의 노래를 주로 불렀으니, 음악 세계는 이미 분단을 넘어서고 있었다. 개혁 이래 찐꽁선 노래가 베트남 사회에 더 널리 퍼져 여러 사람들에 의해 불리고 있다. 최근 가장 주목받는 가수는 남부 출신 호앙짱(Hoang Trang)이다. 젊은 호앙짱은 호찌민시 출신으로 풋풋한 통기타 세대의 모습을 그대로 보여준다. 이제야 남부 작곡가의 음악과 남부 가수가 만난 것인가! 이렇게 '냑방'은 세대를 넘어 면면히 이어진다.

'냑방' 작곡가로 팜주이(Pham Duy)도 빼놓을 수 없다. 그는 반 까오, 찐꽁선과 함께 현대 초기 3대 작곡가로 이름을 날렸다.

반까오와 팜주이가 1920년대 초반생이나, 찐꽁선은 1939년생이라 그들보다 젊은 세대에 속한다. 팜주이는 하노이에서 출생했고, 베트남의 명장 보응우옌잡이 선생으로 있던 탕롱 고등학교에서 공부했다. 그는 문화선전대원으로서 베트민에 합류해 항불전쟁에도 참전했으며, 베트남의 예술학교와 파리에서 음악을 공부했다. 그의 음악은 전통과 현대를 잘 결합했다고 평가받는다. 그의 〈사랑가〉〈조린 어머니〉〈가난한 고향〉 등은 항불전쟁 시기부터 사랑받은 곡이었다. 그러나 서정적이고 반이념적인 음악은 검열을 받았고, 그는 자유로운 음악 활동을 위해 1955년에 남부로 이주했다. 그의 음악은 분단 시기 북부에서 반동 음악이 됐고 통일 이후에도 오랫동안 금지됐다. 팜주이는 나라가 통일되면서 미국으로 이주했기에 찐꽁선과는 결이 좀 달랐다. 그는 2005년에 베트남으로 귀환했고, 그의 음악도 해금됐다.

통일 전 남부에서 이런 올드 '냑방' 취향이 아닌 젊은이들은 서양 팝 음악을 부르거나 더 젊은 작곡가들의 음악을 '냑째', 즉 젊은이 음악이라며 선호하기도 했다. 응우옌쭝깡(Nguyen Trung Cang)의 〈비 오는 날 사랑에 빠져〉〈너를 영원히 사랑해〉는 지금도 여전히 인기 있는 곡들이다. 주로 젊은이들의 사랑 노래인데, 넓게는 '냑방'에 속한다고 할 수 있다.

'퐁짜 까냑'에서
옛 추억을 떠올리며

대중음악을 좋아하는 사람들은 오래전부터 '퐁짜 까냑'에 모였다. '퐁짜(phong tra)'는 다방, '까냑(ca nhac, 歌樂)'은 음악이니 곧 '음악다방'이다. 가볍게 술이나 음료를 마시며 음악을 듣는 곳이다. 이 퐁짜 까냑은 하노이보다 호찌민시에 더 많은데, '퐁짜 콩뗀' '퐁짜 동자오' 등이 잘 알려진 편이다. 최근 하노이에 찐꽁선 노래를 많이 부르는 '퐁짜 찐까'도 생겼다. 베트남에는 이외에도 생음악을 즐길 수 있는 라이브 뮤직 카페도 여러 곳 있다. 호찌

'퐁짜 콩뗀'에서 열창하는 베트남인 가수. ⓒ 이한우

호찌민시 3군 응오터이니엠에 있던 라이브 뮤직 카페 '까페 소이다'. 이 카페도 코로나 바이러스를 이겨내지 못했다. ⓒ 이한우

민시 떤선녓 공항에 가까운 푸뉴언 지역에 그런 곳이 많다.

'낙방'을 알았으니, 호찌민시에 가게 되면 찐꽁선의 누이가 운영하는 '띱(Tib)' 레스토랑에서 옛 정취를 느껴보자. 이곳은 맛있는 후에 음식을 내는데, 통일 이전부터 있었던 곳이 아니고 1990년대 초에 개업한 곳이라 좀 아쉽기는 하다. 아들 부시 대통령도 2006년 베트남 방문길에 다녀간 곳이다. 거기에서 찐꽁선의 음악 한 자락이라도 귓가에 스치기를 기대해본다.

이한우

키워드 동남아

베트남 영화

20.

'도이머이'가 일으킨 바람

베트남 영화는 우리에게 아직 낯설다. 베트남 영화는 한국에서 개최하는 국제영화제에 매년 출품되지만 영화제 밖으로 나오지 못하고 있다. 베트남에 관한 한국 영화는 〈하얀 전쟁〉〈알포인트〉〈님은 먼 곳에〉처럼 주로 베트남전쟁에 집중했다. 최근에는 베트남에서 활동하는 한국 기업이 공동 제작한 영화들이 베트남 내에서 인기를 얻고 있다. 〈수상한 그녀〉의 베트남판 〈내가 니 할매다(Em la ba noi cua anh)〉, 〈써니〉의 베트남판 〈고고 시스터즈(Thang nam ruc ro)〉, 이 밖에 〈마이가 결정할게 2(De Mai Tinh 2)〉〈저는 아직 열여덟이 안 됐어요(Em chua 18)〉(한국제목: 불량소녀)〈걸 프롬 예스터데이〉 등이 한국 기업이 베트남 쪽과 합작하거나 투자해 만든 영화들이다. 〈저는 아직 열여덟이 안 됐어요〉는 2017년 제20회 베트남 필름 페스티벌에서 최고상인 금(金)연꽃상을 받기도 했다. 그뿐 아니라 한국 기업들이 베트남에서 극장을 여

하노이 이온몰에 입점한 한국계 영화관. ⓒ 이한우

러 개 운영하면서 베트남 영화산업의 발전에 기여하고 있어, "도약하는 베트남 영화, 주도하는 한국 기업"이라는 평이 있기도 하다. 이런 평은 듣기 좋을지 모르나 자못 과장된 듯하다. 베트남 영화 자체에 대한 한국인들의 관심은 아직 미미하다. 한국인들이 베트남에 많이 다녀왔고 시야도 넓혔으니, 베트남 영화로 눈을 돌려보는 것은 어떨까? 서로 더욱 잘 이해하게 될수록 두 나라 사람들 사이에 탄탄한 신뢰의 다리가 놓일 것이다.

새로운 바람을 일으킨
당녓민 감독

개혁 이전에 베트남 영화들은 주로 독립운동과 전쟁을 다뤄 애국심을 높이려 했다. 국민들의 흥미를 유발하고 문화적 욕구를

호찌민시 롯데마트에 있는 한국계 영화관. ⓒ 이한우

충족시키는 역할은 상대적으로 작았다. 베트남이 1945년 식민지배에서 벗어나자마자 30년 동안이나 전쟁을 치러야 했기에 이런 경향은 당연한 일이기도 했다. 당시 분위기는 1970년 북베트남의 첫 필름 페스티벌에서 〈응우옌반쪼이〉〈젊은 전사〉 등이 금연꽃상을 받은 것으로도 알 수 있다. 응우옌반쪼이는 1964년 남베트남 사이공을 방문한 로버트 맥나마라 미국 국방장관을 꽁리 다리에서 암살하려 했다가 붙잡혀 스물넷에 생을 마친 베트콩 전사다. 1973년 제2회 베트남 필름 페스티벌에서 금연꽃상을 받은 〈어머니 고향으로 돌아가는 길〉이나 은연꽃상을 받은 〈17도선 낮과 밤〉도 베트남전쟁을 둘러싼 이야기를 다뤘다. 베트남은 1946년 말부터 1954년 5월까지 프랑스와 전쟁을 치른 끝에 제네바협정을 맺어 17도선을 경계로 분단됐었다. 이

하노이에 있는 '8월' 극장. '8월 혁명'은 1945년 8월 15일 일본의 항복 선언 후 9월 2일 베트남민주공화국을 수립하기까지 전개된 민족독립운동을 일컫는다. ⓒ 이한우

후 남북 베트남은 대치했고 1964년 무렵부터 1975년까지 열전을 치렀다.

1975년 통일된 뒤 베트남 정부는 경제난을 극복하려고 1986년 말 '도이머이(Doi Moi, 쇄신이라는 뜻)'를 선포하며 개혁정책을 편다. 이로써 표현의 자유가 확대되고 영화의 소재도 다양해졌다. 새 흐름은 국내 감독들과 함께 해외로부터 귀국한 베트남 출신 감독들이 만들어갔다. 국내파 가운데는 당녓민(Dang Nhat Minh) 감독이 국내외에 잘 알려져 있다. 그는 중부의 후에 출신으로 러시아 영화를 번역하다가 영화를 공부하게 됐다고 한다. 그가 1984년에 만든 〈10월이 오면〉은 전쟁에 남편과 아들을 내

보낸 가족의 애환을 담았다. 남편을 전쟁터로 보낸 부인이 마을 선생에게 한 가지 부탁을 한다. 전쟁터에 나간 남편 대신 편지를 써 연로한 시아버지에게 보내달라는 것이다. 하지만 마을 사람들이 두 사람이 부정한 관계라고 오인해 선생은 떠난다. 마을 사람들이 뒤늦게 오해임을 깨닫고 그 선생이 다시 오지 않으려나 한다는 내용으로 전개된다. 부산외대 배양수 교수에 따르면, 이 영화에서 죽은 남편과 부인이 만나는 장면이 나오는데, 영화 심사자들이 이를 미신으로 이해해 열세 번의 검열 끝에 통과시켰다고 한다. 당녓민 감독이 1987년에 만든 〈강 위의 여자〉는 후에를 가로지르는 흐엉장(Huong Giang, 香江)을 배경으로 해, 통일 전 남베트남에 속했던 후에 지역에서 활동하던 북베트남 전사와 남베트남 여인 간의 사랑과 배신을 그렸다. 감독은 여성을 휴머니즘으로 조명하려고 했으나, 배 위에서의 정사 등 당시로서는 파격적 장면을 보여줘 논란을 일으켰다. 당녓민은 1996년에 또 다른 역작 〈고향 들판을 그리워하며〉(향수)에서 북부 농촌의 한 소년이 성장하며 겪는 사랑과 갈등을 담았다. 그는 이 밖에도 〈귀환〉〈구아바의 계절〉 등 여러 작품을 냈다. 〈태우지 마라〉(전장 속의 일기)에서는 전쟁에 대한 베트남 북부의 시각을 보여줬다. 이는 당투이쩜의 일기인 《지난밤 나는 평화를 꿈꾸었네》를 각색한 것이다. 하노이 의사 집안의 딸인 당투이쩜은 군의관으로서 중부지방 꽝찌로 파견돼, 야전병원에서 부상당한 군인들을 치료하면서 마음으로 보듬다가 결국 적군의 폭격에 의해 전사하고 만다. "태우지 마시오, 그 안에 이미 불이 들어 있소"라는 베트남인 통역병의 요청에 따라, 그의 일기를 입수한 미군은 이를 미국으로 가져간다. 2005년에 이 일기는 공개됐고, 베트남전쟁에 참전했던 한 미국인이 텍사스텍대학에 있던 일기의 사본을 가족들에게 전한다. 이렇게 미국은 베트남과 화해를 모색한다.

변화하는 사회 속의
다양한 앵글

개혁 이래 베트남 영화에 코미디나 액션이 많았으나, 근래 감독들은 여러 가지 사회적 이슈를 다루기 시작했다. 도덕적 타락, 불륜, 동성애, 마약, 물질 만능, 빈부격차 등 소재도 다양하다. 일찍이 베트남 난민 출신 미국인 감독 토니 부이(Tony Bui)가 〈쓰리 시즌〉에서 개혁이 가져온 사회 변화와 이에 대응하는 여러 인물들을 묘사했다. 대체로 호찌민시에 활동 기반을 둔 감독들이 현대 사회의 문제를 다루는 데 더 적극적이나, 북부 출신 감독들은 주제 선정과 촬영과정에서 상대적으로 더 절제돼 있다고 평가받는다. 일부 북부 출신 감독들도 이런 사회문제를 다뤘다. 하노이 출신 레호앙(Le Hoang)은 〈댄싱 걸〉(영어 제목: *Bar Girls*)에서 개혁 이래 상업화된 사회의 타락과 물질주의를 고발했으며, 〈거리의 신데렐라〉라는 속편도 제작했다. 부응옥당(Vu Ngoc

Dang)은 북부 타인호아 출신으로 호찌민시에서 영화를 공부했고 활동하기에 상대적으로 더 다원화된 시각을 보여준다. 그는 한국 드라마 〈풀하우스〉의 베트남판을 감독하기도 했고, 〈다리 긴 아가씨〉(미인) 〈센티미터마다 예쁨〉 등 코믹한 영화를 내기도 했지만, 〈반란하는 핫 보이〉(Lost in Paradise)에서 남성 동성애를 다뤘다. 케이시 우엔(Kathy Uyen)은 최근 레즈비언에 관한 내용을 조금 넣어 〈언니 동생(Chi chi Em em)〉을 만들었다. 그는 캘리포니아 새너제이(산호세)에서 난 베트남계 미국인 배우 겸 감독이다. 새너제이는 베트남 통일 후 탈출한 남부 출신 베트남인들이 베트남 타운을 형성한 곳이다. 동성애 이슈는 〈로또(Lo To)〉에서 본격적으로 펼쳐진다.

개혁과정에서 불거진 빈부격차도 영화의 주요 소재다. 하노이 출신 응우옌판꽝빈(Nguyen Phan Quang Binh) 감독은 응우옌응옥뜨의 소설 《끝없는 벌판》을 저본으로 해 〈부유하는 삶〉(The Floating Lives)을 만들어 남부 메콩 델타에 사는 가난한 사람들의 고단한 삶을 들춰냈다. 도시 빈곤 문제는 최근 호찌민시 출신 쩐타인후이(Tran Thanh Huy) 감독이 데뷔작인 〈롬(Rom)〉에서 도시 빈민가에 사는 복권 정보 제공 소년 롬의 삶을 통해 보여준다. 8년간 촬영해 완성한 이 영화는 2019년 부산국제영화제에서 뉴커런츠상을 수상했다.

이와 함께 베트남에서 불기 시작한 복고풍 분위기가 영화에서도 나타나고 있다. 수년 전부터 '꽁 까페'가 개혁 이전의 사회주의 배급 시기 분위기로 꾸며 인기를 끌자 여러 곳에 매장 수를 늘렸다. 통일 이전 남부 사회를 배경으로 한 문화상품들도 노스탤지어를 자극한다. 이런 조류 속에서 쩐브우록(Tran Buu Loc)과 케이 응우옌(Kay Nguyen) 감독이 만든 복고풍 영화인 〈꼬 바 사이공〉(The Tailor, 디자이너)이 큰 인기를 끌었다. 1960년대에 사이공에서 유명한 아오자이 전문점 타인느(Thanh Nu)를 9대째 운영하던 타인마이는 두 딸을 뒀는데, 타인마이가 숨진 뒤 서양 의상을 좋던 딸이 어머니가 자기 이름을 새긴 아오자이를 남긴 것을 보고 아오자이의 세계로 돌아온다는 줄거리다.

발군의 베트남 출신
해외파 감독들

최근 베트남 영화계에서는 베트남 출신 해외파 감독들이 새로운 바람을 불어넣고 있다. 그들은 대부분 교포, 즉 비엣끼에우(Viet Kieu, 越僑)다. 프랑스에 거주하는 쩐아인홍 감독은 〈그린 파파야 향기〉〈씨클로〉〈여름의 수직선에서〉 등으로 오래전부터 유명세를 탔다. 최근에는 통일 전 사이공에서 태어나 미국으로 이주했던 쭉 찰리 응우옌(Truc Charlie Nguyen)과 조니 찌 응우옌(Johnny Tri Nguyen) 형제, 더스틴 찌 응우옌(Dustin Tri Nguyen)이 주로 무술영화에 출연하거나 감독으로서 활약하고 있다. 그들의 작품으로는 〈영웅 혈통〉(The Rebel)〈전설은 살아 있다〉〈르어핏〉

(*Once Upon a Time in Vietnam*, 일대 고수) 등이 있다.

빅터 부(Victor Vu)는 남캘리포니아 베트남인 가정에서 태어나 미국에서 영화를 공부했다. 그는 초기에 〈퍼스트 모닝〉으로 미국 내 베트남인 이민사회를 그렸는데, 이후 무술 영화 〈영웅 천명〉(*Blood Letter*), 코믹 영화 〈신부 대전〉, 스릴러 〈스캔들〉 등으로 호평을 받았다. 최근에는 서정성 있는 작품을 내고 있는데, 〈나는 초원의 노란 꽃을 본다〉는 베트남의 잔잔하고 아름다운 시골 풍경으로 관객들의 눈길을 이끈다. 빅터 부는 이 영화로 2015년 제19회 베트남 필름 페스티벌에서 금연꽃상을 수상했다. 이어 그는 〈푸른 눈〉(*Dreamy Eyes*)에서 한 남성의 순수한 사랑을 그려 제법 인기를 얻었다. 이 영화는 아카데미상 국제장편부문에 출품됐으나 최종 후보에 들지는 못했다.

해외파 중에서는 응오타인번(Ngo Thanh Van, Veronica Ngo)이 가장 많은 활약을 보이고 있는 듯하다. 그는 베트남 남부 짜빈에서 태어나, 10살 때 가족들에 의해 배로 노르웨이에 보내졌다. 10년 후에 그는 베트남으로 복귀해 미인대회에 참석한 뒤 모델, 가수, 배우, 감독 등으로 경력을 이어갔다. 그의 지명도를 높인 영화는 쭉 찰리 응우옌 감독의 〈영웅 혈통〉이었다. 이어 〈용의 덫〉(*Clash*) 〈르어핏〉 등 여러 무술영화에 출연했고, 최근에는 〈꼬바 사이공〉 〈하이 프엉〉(*Furie*)에 출연했다. 〈하이 프엉〉은 폭력배 출신 엄마가 폭력조직에 딸을 납치당한 뒤 이를 찾기 위해 고군분투하는 강인한 모습을 그린 영화다. 베트남판 〈테이큰〉이라고 할 만하다. 〈하이 프엉〉은 베트남과 미국에서 동시 개봉됐고, 2021년 아카데미상 국제장편부문에 올렸으나 선정되지는 못했다.

　이렇게 베트남에서 개혁은 영화계에도 새로운 흐름을 가져왔다. 감독들은 다양한 소재와 다양한 앵글로 현대 사회를 비춘다. 정부의 심의로 인해 자유로운 작업에 제약을 받기도 하지만, 국내파 감독들, 베트남 출신 해외파 감독들이 이 바람을 일으키고 끌어가고 있다.

이한우

인형극

21

동남아의 호모 루덴스

네덜란드의 역사가이자 철학자 요한 하위징아는 유희가 인간의 본질 중 하나라면서 호모 루덴스라는 개념을 주창했다. '놀이하는 인간'이란 어쩌면 사람들이 잊고 있었던, 혹은 생각하지 않았던 가장 중요한 본성인지도 모른다. 그가 말한 호모 루덴스는 단순히 노는 것 이상의 정신적 창조 행위를 내포하는 말이다. 인간의 본성이라고 보면 누구에게도 적용될 수 있고, 어디에서도 유희하는 인간을 찾을 수 있는데 동남아도 예외가 아니다.

동남아 여행을 해본 사람이라면 누구나 다양한 형태의 공연을 본 적이 있을 것이다. 예를 들면 캄보디아의 압사라 댄스나 인도네시아 발리의 케착 댄스를 현지 여러 곳에서 쉽게 접할 수 있다. 공연 방식과 춤사위는 아주 다르지만 둘 다 인도의 서사시 〈라마야나〉에서 그 내용을 따왔다는 공통점이 있다. 마왕 라

바나에게 부인 시타를 빼앗긴 라마가 원숭이 신 하누만의 도움을 받아 마침내 승리하고 부인을 되찾는다는 〈라마야나〉는 인도에서 동남아로 전해진 후 상당한 인기를 끌었다. 줄거리가 바뀌기도 하고 결론이 바뀌기도 하며 다양한 방식으로 모양새를 바꿔 동남아 전역에서 공연됐으니, 어떤 의미에서는 〈라마야나〉야말로 가장 지역 친화적인 공연예술이었다고 할 수 있다. 압사라 댄스나 케착 댄스는 사람들이 직접 춤춘다는 면에서 따지고 보면 우리나라의 오광대놀이나 북청사자춤, 하회탈춤과 별 차이가 없는 연희이다. 그런데 동남아에서 이 못지않게 발달한 게 인형극이다.

인형극,
동남아의 놀이

대중적으로 가장 인기를 끈 것은 흔히 와양이라고 알려진 인도네시아의 그림자극이고, 그 외에도 미얀마의 요욱떼(욧떼), 베트남의 수상인형극 무아 조이(로이) 느억 등 동남아시아에는 다종다양한 인형극이 있다. 인형극을 즐길 수 있었던 사람은 역사적으로 소수의 왕족, 귀족, 신분이 높은 사람들이었겠지만 동남아의 호모 루덴스는 이런 관람객만 있었던 건 아니다. 인형을 만들고 대본을 만들고, 공연하는 사람들까지 포함하면 즐거움을 누리기 위해 많은 것을 희생하며 창작에 몰두한 이들이야말

<라마야나>를 주 내용으로 하는 인도네시아 그림자극의 와양 쿨릿. 일본 동경박물관 소장. ⓒ 강희정

로 호모 루덴스의 생생한 예라 할 수 있다.

　비단 동남아를 여행한 사람이 아니라도 일본이나 유럽, 혹은 미국 박물관 등지에서 와양을 접한 사람이 꽤 많을 것이다. 한 번 보면 잊어버리기 쉽지 않은 게 와양 쿨릿이다. 아주 특색 있는 생김새의 평면 인형인 데다가 아래에 긴 막대기가 달려 있기

악마의 모습을 한 와양 쿨릿. 일본 동경박물관 소장. ⓒ 강희정

때문이다. 사실 인형 자체가 어떻게 생겼는지가 중요한 것 같지는 않다. 와양 쿨릿은 그림자 인형극이니, 호사스럽게 색을 칠하거나 있는 대로 모양을 내도 관람객이 보는 것은 그 그림자에 지나지 않는다. 그래서 이게 원래 그림자극이라는 걸 알게 된 순간, 어쩐지 배신감을 느끼게 된다. 인간이 보는 세상 만물은 동굴 벽에 비친 그림자에 불과하고, 우리가 보는 것은 '이데아'의 그림자일 뿐이라고 했던 플라톤의 말이 떠오르는 건 식자의 허세일 뿐이다. 와양의 그림자보다는 그 실체가 훨씬 호사스러

운 걸 보면 이데아가 그림자보다 아름다우리라는 환상을 가져도 좋을 것 같다.

와양 쿨릿은 인도네시아 자바에서 공연되는 인형 그림자극이고, 와양 자체가 자바어로 그림자를 뜻한다. 이를 조종하는 사람은 달랑이라 부른다. 달랑은 인형을 조종할 뿐 아니라 전체 인형극을 연출하고, 일종의 변사로 대사도 한다. 인형극에 등장하는 인물들의 개성을 살려 목소리를 계속 바꿔가며 공연을

일종의 꼭두각시처럼 얼굴, 몸통, 사지를 따로 만들어 정교하게 움직이도록 만든 와양 골렉. 자카르타 와양박물관 소장. ⓒ 강희정

해야 하니 와양 쿨릿의 성패는 달랑에게 달려 있다고 해도 과언이 아니다. 약 10세기부터 왕의 생일이나 마을의 중요한 행사가 있는 날에 밤새 공연을 했는데, 그림자극이니만치 어두워질 무렵에 시작해 다음날 해가 뜰 때까지 지속했다고 한다. 인형은 주로 물소 가죽으로 만드는데, 가죽을 무두질해서 고르게 펴고 말리고, 염색하는 과정을 여러 번 거쳐야 하므로 인형을 제작하는 데 상당한 시간이 걸린다. 공연을 할 때는 하얀 무대 스크린을 펴고 뒤편에서 빛을 비추어 그림자가 무대에 잘 보이도록 한다. 막대를 이용해 인형을 움직이기도 하고 무대에서 멀리, 또 가까이 왔다 갔다 함으로써 그림자가 크게도, 작게도 비친다. 납작한 와양으로 무대에 거리감을 주는 방식이다.

얇고 판판한 평면 인형인 와양 쿨릿과 달리 와양 골렉은 완전한 입체 인형이다. 꼭두각시 같은 인형에 얇은 막대를 붙여 움직인다. 나무를 깎아서 얼굴과 몸통, 사지를 다 따로 만들어 이어붙여 움직임이 상당히 정교하다. 바틱으로 만든 화려한 인도네시아 전통의상을 입히고, 각종 장신구와 섬세한 치장을 해서 만인의 시선을 끌기에 부족함이 없다. 장식도 장식이지만 얼굴이 굉장히 작은데도 들여다보면 섬뜩할 정도로 등장인물의 특징을 잘 포착했다. 인형마다 어찌나 개성이 뚜렷한지 얼굴만 봐도 극 중에서 어떤 역할을 할지 짐작이 갈 정도이다. 이 역시 자바와 발리에서 공연되던 역사와 전통을 자랑하는 인형극인데, 원래는 뮤지컬 형식이었다고 한다. 동남아 인형극이 대개 그렇듯이 와양 공연 역시 내내 악단이 반주를 한다. 인도네시아 전통악기 가믈란으로 구성된 악단이 그때그때 공연 내용에 맞춘 음악을 연주한다. 통상 9시간 걸리는 공연이니 가믈란 연주자들도 같은 시간 동안 꼬박 앉아서 때로는 잔잔하게, 때로는 긴박감 넘치게 연주를 해야 한다. 달랑이나 악단이나 체력이 뒷받침되지 않으면 버티기 힘들 것이다.

유럽 인형극
부흥운동에도 영향을 주다

와양 쿨릿이나 와양 골렉 모두 인도 서사시 〈라마야나〉와 〈마하바라타〉에 나오는 이야기들을 주로 공연한다. 특히 〈마하바라타〉에 나오는 판다바 5형제의 용맹한 전투 이야기가 인기 높았다고 한다. 인도네시아의 신화나 전설, 역사 속의 이야기들도 종종 인형극으로 각색되었는데, 궁중 암투나 영웅, 왕의 치적도 단골 소재로 채용되었다. 와양의 기원이 남인도에 있다는 설과 중국에 있다는 설이 있는데, 인도의 서사시 공연이 많은 것을 보면 그림자극 자체의 기원은 인도로 보인다. 이를 드라마틱하게 각색하고 가공한 것은 자바였지만 말이다. 와양 인형극은 이야기와 음악, 때로는 춤이 어우러진 자바인의 종합예술이며, 오랜 세월 자바인들에게 기쁨을 안겨준 유희문화의 집대성이라 할 수 있다.

<라마야나>의 주인공 시타 모습의 와양 골렉. 아세안문화원 소장. ⓒ 강희정

　인도네시아의 와양은 서양 인형극에도 영향을 미쳤다. 네덜란드에서 자바의 와양 골렉을 처음 접하고 감명을 받은 리하르트 테슈너는 오스트리아 빈으로 돌아와 '피구렌 슈피겔'이라는 인형극 극장을 열었다. 와양 골렉처럼 막대로 움직이는 인형이었다. 그는 자바 인형극의 인물을 변형시켜 새로운 인물들을 창조해 인기를 끌었고, 유럽에서 인형극 부흥운동을 주도한 사람들에게 영향을 주었다. 그의 활동이 유럽 인형극이 대중에게 퍼지는 데에 큰 힘이 되었음은 물론이다.

　미얀마에서도 일찍부터 인형극이 발달했다. 생김새와 만드

미얀마 바간의 기념품 상점에서 파는 다종다양한 요욱떼. 팔 다리를 따로 움직일 수 있는 마리오네트에 해당한다. ⓒ 강희정

는 법, 조작법은 다 다르지만 꼭두각시 인형극이라는 점은 같다. 미얀마를 돌아다니다 보면 기념품 상점에서 비교적 쉽게 꼭두각시들을 만날 수 있다. 요욱떼라 부르는 미얀마의 꼭두각시 인형극도 다른 나라처럼 〈라마야나〉를 주로 공연한다. 그렇지만 불교 국가답게 석가모니의 전생 이야기인 자타카나 민담이 공연 주제가 되기도 한다. 워낙 낫이라고 부르는 민간 토속신이 많은 나라이니 그만큼 전설과 신화도 많을 터, 공연의 소재는 무궁무진했을 것이다.

요욱떼도 11세기께 발생한 전통극 쁘웨에 기원이 있다고 하지만, 실제로 확인되는 것은 15세기에 승려 라따사라가 남긴 기록이 최초이다. 적어도 요욱떼가 18세기에 집대성된 것은 분명해 보인다. 꼰바웅 왕조의 제4대 왕 싱우 민이 왕립문화부를 세우고 인형극을 장려하면서 더욱 발전했다. 이때 엄격하게 규율을 정했고, 28개 인형이 등장하는 것으로 정형화됐다. 한국 관광객이 많이 가는 도시들, 바간, 만달레이, 바고, 양곤 등지에는 어김없이 인형극 극장이 있고, 저마다 숙련된 예인들이 공연을 펼친다. 인형을 움직이는 방식은 긴 줄을 인형 사지에 연결해서 위에서 줄을 조정하는 것이니 피노키오를 생각하면 딱 맞는다. 하지만 인형의 인물 생김새, 옷, 모자와 머리 장식은 딱 미얀마식이다. 인형의 움직임은 관절과 연결한 줄에 달려 있다. 인체와 비슷하게 나무로 깎아 만든 팔, 다리, 손목, 발목 등의 관절마다 줄을 연결하면 할수록 훨씬 정교하고 섬세한 동작이 가능해진다. 인형마다 배역이 정해져 있고, 배역마다 줄거리에 따라 하는 역할이 있으니 그에 맞춰 동작을 미리 짐작해서 줄을 연결해야 한다. 실로 꼼꼼한 계획이 필요할 수밖에 없다. 공연도 공연이지만 배역에 따라 인형을 만들고, 줄과 소도구를 연결하는 것까지 세심한 작업이 요구되니 요욱떼의 전승도 쉽지 않은 일이다. 원래는 15명 정도가 각기 다른 인형들을 조정하면서 9시간가량 공연하는 것이지만 현대사회에 그게 가능할 리가 없다. 어차피 주로 관광객을 대상으로 하는 공연이니 짧게 끊어서 공연을 한다.

논에서 시작한
베트남의 수상인형극

베트남의 수상인형극 무아 조이 느억은 베트남 북부 홍강 삼각
주에서 시작됐다. 입체 인형으로 공연하는 것은 마찬가지이나
앞의 인형극과는 좀 다르다. 사람들이 아예 물속에 들어가 대나
무와 실로 연결된 인형들을 움직여 공연을 펼치는 특이한 방식
이라서 관광객의 시선을 끌기에 충분한 매력이 있다. 다른 공연
처럼 베트남 전통 악기가 연주되는데, 인도네시아나 미얀마와
달리 음률과 곡조가 중국이나 우리나라 음악과 꽤 비슷해서 베

물 위에서 공연되는 베트남 수상인형극. 위키미디어 코먼스 갈무리.

트남 특유의 분위기가 산다. 애초에 농민들이 풍성한 수확의 기쁨을 서로 나누기 위해 연못이나 호수에서 공연을 하기 시작했고, 그 내용 역시 악귀로부터 마을과 농사일을 보호하고 풍년을 기원하는 민담이나 전설이었다고 한다. 원래 인형은 대나무와 풀로 만들고 실로 연결해 사람들이 조작하는 방식으로 공연을 했지만 요즘에는 주변에서 구하기 쉬운 재료로 만든다. 농촌에서 시작된 민속놀이답게 쭈 테우라는 마당쇠격인 인물이 나올 정도로 상당히 해학적이고, 정치나 사회문제에 대해 풍자하는 대사도 많았다고 한다. 그래서 그런지 인형극의 뒷배경은 주로 고대광실 화려하게 치장한 사원이고, 색색 깃발로 장식해서 축제 같은 분위기를 자아낸다.

하지만 지금은 관광객을 주 대상으로 공연하다 보니 독설과 해학은 어디론가 증발했다. 같은 농업국가인 우리나라에서도 농번기의 고통을 수확의 기쁨으로 참아내고, 관리들의 횡포는 마당극으로 풀지 않았던가? 그러고 보면 베트남의 수상인형극은 그 발생 배경과 내용이 우리네 연희랑 비슷하다. 물에서 공연한다는 큰 차이가 있지만 말이다. 물이 많은 베트남의 논에서 공연하기 시작한 게 수상극의 기원이라고 하는데, 논이나 호수가 아니라면 일정한 너비와 깊이를 지닌 물탱크 설비를 해야 인형극이 가능하기에 그 나름대로 공연 장소의 제약을 받는다. 베트남 북부에서 발전한 인형극이라 수상인형극 전용극장도 주로 하노이에 있는데, 1969년에 세워진 호안끼엠호 인근의 탕롱 수상인형극장이 가장 유명하다. 현재는 베트남에서만 볼 수 있는 수상인형극이지만 계속 전승자가 줄어들어 간신히 명맥을 유지한다고 한다. 기로에 선 전통이다.

강희정

3장

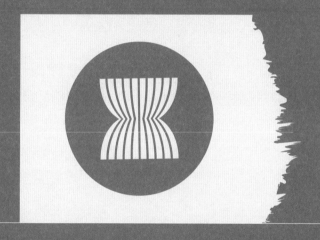

정치:
약육강식의 세계를
살아가는 기술

밀레니얼 연대

22

미얀마–타이
'쌍둥이 독재자'에 맞서는 청년들

2021년 2월 1일, 33년 만에 미얀마에서 다시 쿠데타가 일어났다. 민주주의민족동맹(National League for Democracy)을 이끌던 국가고문 아웅산 수치는 1988년처럼 제일 먼저 대중의 눈에서 사라졌다. 민 아웅 흘라잉 장군이 정권을 잡으며 국가비상사태를 선언했다. 쿠데타의 충격이 가시기도 전에 수많은 미얀마 시민들

2021년 2월 9일, 미얀마 파안의 교사들이 군부 쿠데타에 저항하는 시위를 벌이고 있다. 위키미디어 코먼스 갈무리.

은 양푼, 냄비, 프라이팬을 들고 나와 세차게 두드리기 시작했다. 망설임이 없었다. 과거의 실수를 반복하지 않기 위해 일어선 미얀마 시민들은 쿠데타 세력의 어떠한 슬로건도 군부독재를 정당화할 수 없다는 것을 알았다. 영국의 식민통치가 남긴 상처가 아물기도 전인 1962년 미얀마는 첫 쿠데타를 경험했고, 2015년까지 군부독재 아래 있었다.

타이의 쁘라윳,
미얀마의 민 아웅 흘라잉

2021년 2월 10일 타이의 쁘라윳 짠오차 총리는 미얀마의 민 아웅 흘라잉 장군이 타이와 미얀마의 민주화를 위해 함께 노력하자는 서한을 보내왔다고 발표했다. 총리의 발표 전부터 온라인에서는 쁘라윳과 민 아웅 흘라잉을 "쌍둥이 독재자"라고 부르고 있었다. 이론적으로 타이는 군부독재 국가가 아니다. 2014년에 일어난 마지막 쿠데타의 주동자 쁘라윳 장군은 2019년 군복을 벗고 지금까지 총리를 연임하고 있다. 미얀마 역시 2015년부터 자유 총선거를 시행했고 아웅산 수치가 국가고문이 되면서 민주화의 길을 차근차근 걷고 있었다. 2020년 말에 실시한 총선거에서도 그가 이끈 민주주의민족동맹은 압도적으로 승리했다.

쁘라윳과 민 아웅 흘라잉은 선거를 통해 압도적 지지로 선출된 여성 정치인을 쿠데타로 몰아내고 정권을 잡았다. 모든 쿠데타 세력이 그렇듯 둘 다 쿠데타의 합법성을 주장했다. 민 아웅 흘라잉은 비상시 대통령이 "국방부와 국가안보회의와 협력"해 "국가비상사태를 선포하고 1년까지 유지할 수 있다"는 미얀마 헌법 417조(2008년 개정)를 근거로 들었다. '비상시'를 멋대로 해석하고 있는 것이다. 나아가 아웅산 수치가 범죄에 연루됐다며 고소했다. 쁘라윳 또한 쿠데타를 일으키고 정권을 잡은 뒤 잉락 친나왓 전 총리로 인해 국가가 분열됐다며 '국가평화질서회의(National Council for Peace and Order)'를 세우고 의장직을 맡았다. 3개월 만에 그는 단독후보로 출마해 총리로 선출된다.

쿠데타를 일으키기 이전부터 쁘라윳과 민 아웅 흘라잉은 세

쿠데타로 집권한 타이의 쁘라윳 짠오차 총리와 미얀마의 민 아웅 흘라잉 총사령관은 "쌍둥이 독재자"로 불린다. 군복 차림의 두 사람을 합성한 사진(오른쪽이 민 아웅 흘라잉)이 최근 소셜네트워크서비스(SNS)에서 유행하고 있다. 폴 체임버스(타이 정치학자) 페이스북 갈무리.

Old man in uniform
#Dictators #NoLeadership

력 확장에 집중했다. 타이에서는 여전히 2006년에 군부 쿠데타로 퇴출당한 탁신 친나왓 전 총리를 지지하는 대다수 서민들이 2010년에 일으킨 대규모의 반정부 시위를 군부세력이 폭력적으로 탄압한 기억이 생생하다. 뼈아픈 민주화의 실패를 만회하려는 듯 우파세력의 끈질긴 방해에도 불구하고 2011년에 탁신 친나왓의 여동생인 잉락 친나왓이 타이의 첫 여성 총리로 선출되지만, 그에 대한 반대세력이 이미 왕정파를 중심으로 형성돼 있었고, 이는 2014년에 쁘라윳이 상대적으로 쉽게 쿠데타로 정권을 잡을 수 있는 기반이 됐다.

미얀마에서도 쿠데타 직후에는 이에 동조하는 이들의 목소리가 컸다. 이는 민주주의의 상징이던 아웅산 수치가 미얀마의 통합을 이끌어내지 못한 데 대한 실망과 불만 탓이었다. 2016~17년에 자행된 소수민족인 로힝야 학살에 대한 아웅산 수치의 묵인이 그들이 쿠데타에 찬성하는 대표적 이유였다. 학살의 주역은 민 아웅 흘라잉 장군이었지만, 아웅산 수치는 2019년 말 국제사법재판소에서 열린 재판에서 예상을 깨고 아예 학살 자체가 없었다며 민 아웅 흘라잉과 군부세력을 옹호하고 나섰다. 쿠데타 초기 일부 시민의 지지에는 아웅산 수치에 대해 '당해도 싸다'고 여기는 반발 심리가 깔려 있었다. 이런 분위기에 편승해 군부는 쿠데타 직후 방글라데시 정부에 서한을 보내 로힝야 문제를 빠른 시일 안에 해결하겠다고 했다. 동시에 국경 지역의 로힝야족 마을을 방문해 유력자들에게 돈을 주고, 그들이 쫓겨난 이유는 아웅산 수치 때문이라고 선전했다고 한다.

쌍둥이 독재자는 쿠데타 직후 행보도 비슷했다. 제일 먼저 인터넷을 차단하고 언론을 통제해 표현의 자유를 제한했다. 특히 이들이 소셜미디어 통제를 강화한 이유는 청년·학생들 중심의 반쿠데타 움직임이 인터넷을 통해 조직되는 것을 막기 위함이었다. 그러나 이런 통제는 여전히 잘 안 먹히고 있다. 쿠데타가 일어난 지 3일 만에 양곤에서는 타이 민주화운동의 상징인 세 손가락이 보이기 시작했다. 미얀마 연예인들은 빨간색 옷을 입고 세 손가락을 든 사진을 찍어 소셜미디어에 올렸다. 코로나19와 싸우고 있는 의료인들이 방호복을 입고 쿠데타에 반대한다

지난 20일 타이 방콕의 의회 앞에서 벌어진 반정부 시위 모습. 타이의 왕실모독죄 철폐와 함께 미얀마의 쿠데타를 반대하는 손팻말이 보인다. 여기에 등장한 "노 지노(No Gino)"는 타이에 살수차를 수출한 한국 기업 지노모터스를 비판하는 내용이다. ⓒ 시롯 클람파이분 〈보이스TV〉 기자

는 메시지를 들고 있는 사진이 올라오기 시작했고, 법의 수호자인 변호사와 판사의 동조 시위, 그리고 스님들의 거리시위로 이어졌다. 군부의 위협이 있었지만 2021년 2월 22일에는 미얀마 주요 도시에서 2월 1일 쿠데타 이후 최대 규모의 쿠데타 반대 시위가 벌어지는 등 시민들의 저항은 갈수록 강해졌다.

'미얀마=악인'
이미지 깨는 타이 청년들

미얀마의 민 아웅 흘라잉과 타이의 쁘라윳을 '쌍둥이 독재자'라고 하지만 민 아웅 흘라잉의 실질적 멘토는 타이의 막후 실력자 쁘렘 띤나술라논 전 추밀원장이었다. 육군 출신인 쁘렘은 2006년 탁신 친나왓 전 총리를 몰아낸 쿠데타의 배후로 알려진 인물이다. 2016년 전 국왕의 서거 후 현 국왕이 즉위하기까지 섭정을 했고, 2019년 98살의 나이로 사망할 무렵까지도 타이 왕실과 군부의 실세로 알려져 있었다. 민 아웅 흘라잉은 2012년 쁘렘을 처음 만난 순간부터 그의 군인으로서의 경험과 정치력을 배우려고 했다고 한다. 쿠데타를 일으킨 민 아웅 흘라잉도 타이 군부가 밟아온 길을 복기하듯 걷고 있다. 미얀마에서 국가 비상사태가 1년 안에 종료될 것이라고는 아무도 믿지 못했고, 실질적으로 그 1년은 군부독재를 유지할 시스템을 재정비하는 과도기간이 되었다. 쿠데타 1주년을 기념하며 2022년 2월 1일

미얀마 시민들은 거리를 완전히 비우는 침묵시위에 동참함으로써 그들의 식지 않는 저항 의지를 보여주었다. 만달레이에서 승려와 청년들이 가두시위를 벌였다고 타이의 미디어가 보도했고, 학생 운동가들의 소셜미디어에는 미얀마의 민주화를 응원한다는 글과 사진이 올라왔다.

타이의 청년과 학생들, 그리고 미얀마에서 온 이주노동자들은 2021년 2월 6일 방콕에 있는 유엔 사무소 앞에서 대규모 쿠데타 반대 시위를 벌였다. 국적을 불문하고 시위에 참가한 이들이 우려하는 바는 한 가지다. 바로 "합법적 군부독재"의 끈질긴 생명력이다.

2020년 9월부터 전 세계의 이목을 집중시켰던 타이의 학생 청년 주도 민주화운동은 군부의 독재중독이 불치병이라는 것을 직시하고, 군부독재를 완전히 종식하려면 20세기식 정치의 식부터 버려야 한다는 것을 증명하려 했다. 어떤 형태로도, 이유로도 쿠데타는 정당화할 수 없는 것이다. 코로나19 확진자 증대로 거리시위가 잠시 주춤한 사이에도 왕실을 풍자하는 코스프레부터 온라인시위까지 타이의 민주화운동은 타이의 쿠데타 정부에 대항해 다양한 방법으로 진행됐다. 미얀마에서 쿠데타가 일어난 2021년 2월 1일부터도 타이 각지에서 반쿠데타 시위가 벌어지기 시작했다. 쌍둥이 독재자 쁘라윳과 민 아웅 흘라잉 사진이 나란히 소셜미디어에 쏟아져 나왔다. 양은 냄비를 쓰고 나와 미얀마 국기를 들고 군부독재 타도를 외치는 타이의 젊은 이들과 미얀마 이주노동자들이 나란히 행진하는 모습은 반목의 역사를 넘어 미래에 대한 새로운 희망을 보여줬다.

타이의 수많은 역사드라마나 소설에서 버마인(미얀마인의 옛 호칭)은 항상 악역이었다. 역사책에는 타이 아유타야 불상의 목을 베어버리는 버마군이나 국경 마을을 약탈하고 사람들을 잡아가 노예로 부리는 버마인 이야기로 가득하다. 2020년 말, 타이 정부는 미얀마 이주노동자의 코로나19 감염이 늘고 있다는 이유로 방역대책을 강화하면서 민주화운동의 기세를 진정시키려 했다. 내부 분열을 막기 위해 외부의 적을 끌어들이는 전통적인 군부독재 정치기술이었다.

그러나 타이 학생들은 미얀마에서 벌어지는 폭압적인 상황에 공감하면서 이에 저항하기 위해 타이 곳곳에서 힘든 일을 도맡아 하는 미얀마 이주노동자들과 손을 잡았다. 타이 청년들이 미얀마의 청년들과 연대하는 배경에는 현재 동남아시아에서 퍼지고 있는 '밀크티 동맹'이 있다.

동남아 거리에서 흔히 찾을 수 있는 밀크티에서 이름을 따온 이 동맹은 2020년 4월에 시작됐다. 당시 타이의 한 배우가 홍콩을 '국가'로 표기한 포스팅을 올린 데 대해 중국 누리꾼(네티즌)이 단체로 공격하자, 타이의 누리꾼들이 홍콩의 민주화운동을 지지한다고 반격하면서 동맹이 시작된 것이다. 그 뒤 타이 학생들은 중국 정부의 홍콩 탄압과 대만과의 갈등을 공개적으로 비판하고 나서면서 세를 넓히기 시작했다. 반중·반독재 정서를 공유하던 타이·홍콩·대만의 학생 운동가들은 사실 그 이전부터 교류가 있었다. 홍콩 우산혁명(2014년)의 주역이었던 조슈아 웡을 타이 학생운동가 네띠윗 초띠팟파이산이 2016년 타이의 민주화운동인 '10월 6일 학살 40주년' 기념식에 초대한 것이다. 이처럼 밀크티 동맹은 아시아 각국에서 퍼지고 있는 반중 정서로 시작했지만, 독재정부에 대항하는 청년들의 국제적 연대를 지향하는 운동으로 변모했다.

밀크티 동맹의 주도세력인 밀레니얼 세대의 전략은 20세기의 민주화운동과는 다르다. 이들이 참가하는 반독재·반정부 시위대에는 주동자가 없다. 리더는 곧 타깃이 되고 사라질 수

타이의 프리랜서 아티스트인 시나 위타야위룻이 미얀마가 밀크티 동맹에 들어온 것을 환영한다며 그린 그림. 대만과 타이, 홍콩, 인도 그리고 마지막에 미얀마를 상징하는 밀크티 컵이 그려져 있다. ⓒ 시나 위타야위룻

있기 때문에 모두가 자발적으로 그리고 창의적으로 자신만의 투쟁을 해야 한다고 생각한다. 이는 곧 투쟁 방식과 구호의 다양화로 이어졌다. 2020년 이후부터 지금까지 타이와 미얀마의 반독재 투쟁에서 가장 두드러진 점은 시위자들이 요구하는 민주화가 반드시 민주주의의 정치적 제도화에만 제한되지 않는다는 것이다. 단적인 예가 성적 소수자와 여성들이다. 이들은 화려하게 치장하고 자신들의 정체성을 상징하는 무지개색 깃발을 들고 시위대의 선봉에 섰다. 유난히 많은 여성 시위대는 남성 중심적 가부장제에 반대하는 구호도 외친다.

ASEAN 국가들 외면…
더 빛나는 저항

밀크티 동맹은 '중국 제일주의'에 대한 반대에서 시작했기 때문에 강대국 중심의 정치와 외교도 경계한다. 중국은 "내정간섭"을 할 수 없다는 이유로 아직까지 미얀마 쿠데타에 대한 직접적 언급을 피하고 있긴 하다. 하지만 쿠데타가 일어나기 3주 전에 미얀마를 공식 방문한 왕이 외교부장은 민 아웅 흘라잉 장군과의 면담에서 총선거 결과에 대한 이야기를 듣고, 군부와 정부의 충돌이 불가피하다는 인상을 받고 돌아갔다고 한다. 시민들 사이에서는 미얀마에 대한 미국의 경제제재가 구체제의 답습에 지나지 않는다는 비판도 나왔다. 미국 주도로 이어진 경제

제재가 독재자들을 굶긴 적은 없다는 것이다. 동시에 동남아시아국가연합, 곧 ASEAN 국가들의 미온적 태도도 비판을 받고 있다. 가장 비판적이었던 싱가포르가 "심각한 우려"를 표명했을 뿐 대부분의 나라는 중국과 같이 "내정간섭"을 핑계로 여전히 언급을 피하고 있다. ASEAN이 손을 놓은 2021년 2월 쿠데타 이후 2022년 4월 현재까지 군부의 폭력적 탄압으로 사망한 미얀마 민간인이 1,700명 이상이고, 1만 3,000명 이상이 체포되었다. 이러한 가운데 2022년 1월 초에 ASEAN 의장국을 맡은 캄보디아의 훈센 총리가 미얀마를 공식 방문하면서 "합법적 군부독재"의 끈질긴 생명력은 다시 한번 증명되는 듯했다.

물론, 이미 타이와 미얀마에서 일어나고 있는 반쿠데타 민주화 시위에 대한 보도량이 전통 미디어에서 급격히 줄어듦으로써 작년에 비해 이들의 행보와 노력에 대한 국제사회의 관심이 줄어든 것은 사실이다. 이미 ASEAN이 중재할 거라는 희망도 거의 사라졌다고 해도 과언이 아니다. 마치 2월은 폭력의 계절이라는 듯 2022년 2월 말에 러시아가 우크라이나를 침공함에 따라 전 세계의 이목이 유럽으로 향하게 되면서 미국이나 UN의 중재나 제재는 더더욱 요원해진 상황이다.

이런 상황이기에 오히려 타이와 미얀마에서 청년들의 움직임은 더 돋보인다. 이들은 군부가 시내 곳곳에 배치한 전투경찰, 사복경찰, 극우 청년단들과의 충돌을 두려워하지 않고, 군부 쿠데타 정권에 반대하는 시위를 온오프라인으로 끊임없이 벌이고 있다. 타이와 미얀마의 젊은이들의 이러한 용기와 절박함은 어떠한 강대국도 자신들과 미얀마의 미래를 보호해주지 않을 것이라는 역사적 성찰에서 나왔다고 볼 수 있다.

더 나아가 이들은 20세기가 만들어낸 힘의 논리라는 구도에 갇혀 강자의 행보와 결정만 주시하는 비겁한 약자의 정치가 오히려 합법적 군부독재의 수명을 연장하리라는 사실을 직시하고 있다. 그래서 이들은 소셜미디어와 밀크티 동맹과 같은 21세기식 전략을 적극적으로 활용하고 있다. 이를 통해 알 수 있는 것은 결국 밀레니얼 청년들이 두려워하는 것은 군인과 총이 아니라 표현의 자유를 잃는 것이라는 점이다. 그렇기 때문에 그들의 싸움은 계속될 것이다. 이들이야말로 보이지 않지만 그 어떤 전쟁보다도 치열한 '민주화' 전쟁의 주역이다.

현시내

타이 왕실

23.
입헌민주주의 뒤튼
타이 군부와 왕실의 제휴

노래 〈셸 위 댄스〉가 흐르고, 화려한 금실 자수 문양이 빛나는 실크 재킷과 바지를 걸친 왕은 아들의 영국인 가정교사와 춤을 춘다. 19세기 초 타이 혹은 당시 시암으로 알려진 타이 짜끄리 왕실을 그린 할리우드 영화 〈왕과 나〉(1956)의 명장면이다. 냉전이라는 구도 속에서 자유 진영을 지배했던 반공주의와 무관하지 않은 이 영화에서 주인공 몽꿋 왕의 실제 모델인 짜끄리 왕조 라마 4세 몽꿋(1804~1868)은 타이 근대화의 명군(名君)으로 각인되었고, 타이 왕실은 반공의 보루이자 왕국 안녕의 주춧돌이라는 인상을 심어줬다. 이 영화는 외환위기의 쓰나미가 타이를 휩쓴 1999년 〈애나 앤드 킹〉으로 리메이크되기도 했다. 두 영화 모두 세계적으로 흥행했지만 정작 타이에서는 상영이 금지되었다. 신성한 왕이 춤을 추는 모습을 묘사했다는 이유다.

소녀시대의 〈다시 만난 세계〉가 울려 퍼지고, 코로나19로 마

서양식 복장을 한 몽꿋 왕의 1865~66년께 사진. 위키미디어 코먼스 갈무리.

스크를 쓰고 거리로 나선 시민들이 한국산 물대포를 맞아가며 손가락 세 개를 펼친 손을 높이 쳐든다. 2020년 9월부터 본격적으로 거리에 나선 타이 민주화 시위의 풍경이다. 시위대는 '왕정(king-dom)이 아닌 자유(free-dom)'를 대놓고 주장한다. 예전의 타이 민주화 시위가 군사독재 종식과 시민중심의 민주화라는 두 가지 요구를 내세웠다면, 이젠 '국민의 일치된 존경과 사랑'을 받는다는 왕실을 향해 군주제 개혁을 주장한다. 왕실과 군사정권이 한통속이라는, 그동안 꾹꾹 눌러온 금지된 말을 내뱉기 시작한 것이다. 시위대가 "자유, 평등, 우애"를 상징하는 손가락 세 개를 펼치는 이유다.

진보요새인
탐마삿대학 설립한 쁘리디

19세기에서 20세기에 이르기까지 식민지배와 제국주의의 거센 압박과 두 차례의 세계대전, 냉전을 거치면서도, 동남아시아에서 유일한 독립 국가 지위를 유지했다는 타이의 신화는 여전히 이 나라의 정치를 이해하는 중요한 키워드다. 영화 〈왕과 나〉의 주인공 몽꿋 왕이 개방적이고 변화에 민첩하게 대응한 덕분에 타이가 동남아시아에서 유일하게 식민지가 되지 않고 왕국의 주권을 지켜낼 수 있었다는 평가는 절반의 진실이다. 서구문화와 무역 개방에 보수적이었던 조선 왕조나 중국의 청조, 베트남의 응우옌 왕조, 일본의 막부 세력에 비교하면, 19세기 타이의 짜끄리 왕조는 외교와 현실정치에 일찍 눈을 떠 식민지의 위기에서 벗어난 표본처럼 여겨졌다. 기실 몽꿋 왕은 서구 열강에서 나라를 지키기 위해 자발적으로 서구의 문화와 기술을 받아들였고, 영화 속의 어린 왕자 라마 5세 쭐라롱꼰 왕은 노예제를 폐지하는 등 전근대적 적폐를 없애기도 했다. 현재의 타이 시민에게 왕실이 애증의 관계라면, 라마 4세와 5세의 치세는 요즘의 증오와 대비되는 '과거의 존경과 사랑'일 수 있다.

　서구의 근대는 약탈만이 아니라 인권과 민주주의, 민족주의의 이념도 전파했다. 식민지화는 어떻게든 막아냈지만, 짜끄리 왕조는 근대 이념의 확산까지 막진 못했다. 1932년부터 타이 인민당의 주도로 입헌군주제 개혁이 진행됐다. 하지만 절대왕정의 타이를 민주공화국으로 만들겠다던 군부 엘리트의 초심은 군부독재의 샛길로 빠졌다. 타이 왕실은 오직 군림만 하는 것이 아니라 '과거의 존경과 사랑'을 무기로, 정당성 없는 군부 쿠데타를 승인함으로써 봉건제적 위계구조를 유지하는 왜곡된 입헌군주의 길을 걸었다.

그 내막을 살펴보면 다음과 같다. 인민당은 1932년 6월 24일 왕정 타도의 깃발을 들고 혁명을 일으켰다. 이 혁명은 군부를 대표하는 피분 송크람과 문민 엘리트 쁘리디 파놈용이 이끌었다. 타이의 육군사관학교를 졸업한 왕실 근위대 장교 피분은 파리 유학 중에 그곳에서 법학을 공부하던 쁘리디를 만났다. 피분과 쁘리디가 라마 7세(1925~1935 재임) 치하의 무능과 부패를 개혁하자며 1926년 파리에서 모임을 만든 것이 인민당의 모태가 됐다. 하지만 1932년 왕정 타도의 결과는 '무늬만 입헌군주제'였다. 왕은 여전히 국민에 의한 '정치' 위에 우뚝 서 있었다.

인민당의 군부와 민간 엘리트의 결합도 이내 깨졌다. 피분과 쁘리디는 왕정 타도에는 뜻을 같이했지만, 어떤 공화국을 만들 것인지에 관해 의견이 갈렸다. 은행 국유화, 사회보장정책과 복지의 확대 등 경제 개혁을 주장한 쁘리디는 인민당의 주류였던 군부 우파의 비판을 받고 혁명 1년 만인 1933년 정계를 은퇴했다. 34살의 재야 지도자 쁘리디는 탐마삿대학을 세웠다. 라마 7세가 왕령으로 금지한 경제학과 정치학을 가르치는 대학을

진보주의자의 요람으로 불리는 방콕 탐마삿대학 교정에 있는 설립자 쁘리디의 동상. 1932년 인민당 혁명의 주역 중 한 명이었던 쁘리디는 군부 세력에 밀려난 뒤 탐마삿대학을 설립했다. ⓒ 현시내

세워 우민화 정책에 반기를 든 것이다. 지구촌의 배낭여행자들의 거리인 방콕의 카오산로드와 짜오프라야강 사이에 위치한 탐마삿대학은 개교 이래 타이 진보주의자의 요람이자 민주화 운동의 성지로 자리 잡았다.

왕실 눌렀던
초기 군부 지도자 피분

피분과 쁘리디의 결별로 타이는 군부독재의 길로 나아갔다. 혁명 이후 수립된 입헌군주제 정부의 초대 총리는 법률가 출신에게, 두 번째 총리는 군인 출신에게 돌아갔다. 문제는 육군 수장이었던 피분이 세 번째 총리가 되면서 시작됐다. 2차 세계대전 전야인 1938년 총리가 된 피분은 왕정의 유산을 없애고 타이족 중심의 국민국가를 만드는 작업에 착수했다. 피분의 '문화명령'(랏니욤)의 제1 명제가 국명을 왕정의 상징인 '시암(Siam)'에서 타이족의 나라를 뜻하는 '타이(Thailand)'로 바꾸는 것이었다. 그의 국가주의 노선을 분명하게 보여준다.

민족국가 건설은 2차 세계대전 이후 독립한 동남아 대부분의 신생국가가 추구한 첫 번째 어젠다였지만, 식민지가 되지 않았던 타이에서는 더 일찍이 대두된 셈이다. 피분의 국가주의 아래 국산품 애용이 권장됐으며, 타이의 국가(國歌)와 상징들도 만들어지기 시작했다. 2차 세계대전 전후 암울한 상황에 놓였던 약소국가의 정체성을 찾기 위한 몸부림과 열정이 그대로 드러난다는 점에서 동질감마저 느껴질 수도 있다. 피분은 타이 국민들의 민족주의 의식을 고취하기 위해 '잃어버린 영토 회복' 캠페인을 추진하면서, 대동아전쟁을 "아시아를 아시아인에게로(Asia for the Asiatics)"라는 슬로건으로 미화시킨 일본과 손을 잡고는 연합군에 전쟁을 선포하기에 이른다. 타이를 배경으로 한 또 다른 유명한 영화 〈콰이강의 다리〉에 나오는 일본군 포로수용소가 타이에 있었던 이유다. 일본식 전체주의와 손잡고 나라를 위기에 몰아넣었다는 비난을 받으며 피분은 1944년 총리직에

키워드 동남아

인민당 혁명의 주역이었던 군인 출신 피분 총리는 1930년대 말 '문화명령'(랏니욤)을 통해 왕국 '시암'을 국민국가 '타이'로 바꿔나갔다. 피분이 이식하고 싶었던 국민국가와 민족주의는 서구와 같은 근대화가 뒷받침되어야 가능했기에, 상체를 노출하고 사롱을 입었던 전통적 의복 대신, 서양에서처럼 상체를 가리고 재단이 된 바지나 치마를 입는 등의 서구식 복장을 권장했다. 위키미디어 코먼스 갈무리.

서 물러났다.

　반면 쁘리디를 주축으로 한 조직 '자유 타이(세리 타이)'는 연합군의 편에 섰다. 자유 타이는 미국중앙정보국(CIA)의 전신인 전략사무국(OSS)을 통해 군사훈련을 받고 무기나 전투 물품을 지원받았다. 타이와 미국중앙정보국의 밀월 관계는 이때부터 시작되었다. 일본의 갑작스러운 항복으로 자유 타이는 막상 전투는 해보지도 못하고 종전을 맞았다. 곧 자유 타이의 주축을 이뤘던 민간 정치인과 군 장교들은 기존의 군부 세력을 축출하고 자신들의 입지를 강화했다. 친일에서 친미로 바뀌었지만, 군부의 세력은 그대로였다. 냉전기 타이 군부의 정치적 급성장에는 미국의 기여가 컸다.

전략사무국 출신 미국인들도 2차 세계대전이 끝난 뒤 반공친미의 타이에서 새로운 삶을 시작할 수 있었다. 타이를 대표하는 영어신문 〈방콕 포스트〉를 창설한 알렉산더 맥도널드, 영화 〈왕과 나〉의 의상을 담당해 타이 실크를 전 세계에 알린 '타이 실크 컴퍼니'의 짐 톰슨 등이 대표적이다. 이들은 쁘리디의 열렬한 지지자였고, 그와의 관계를 이용해 자신들의 사업도 확장했다.

전후 쁘리디가 문민 총리에 올랐지만, '150일 천하'에 그치고 말았다. 1946년 라마 8세가 자신의 침실에서 총격당한 시신으로 발견되고, 쁘리디는 군부 세력의 집중포화를 맞아 국왕의 죽음에 책임을 지고 총리직에서 물러났다. 그의 빈자리는 1947년 쿠데타를 일으킨 군부가 장악했고, 피분이 이듬해 총리에 복귀했다.

다시 정계 복귀에 성공했지만 젊고 혈기 왕성한 친미파 정치 군인들 사이에서 피분은 종이호랑이에 지나지 않았다. 이를 직시한 그가 자신의 정치적 지위와 영향력을 강화하려고 쓴 전략이 미국의 경제적·군사적 원조를 받아내는 것이었다. 그는 한국전쟁이 터지자마자 타이군을 보내 미국을 돕겠다고 큰소리를 쳤다. 결국 타이는 한국전쟁에 참전 선언을 한 첫 번째 아시아 연합국이 되었고, 미국 군수품으로 무장한 타이군은 그해 겨울 남한에 도착했다. 피분 정권은 또, 미국중앙정보국 첩보원들과 공조해 타이에 특수경찰과 반공 첩보조직을 만들어 미국의 냉전 전략에 협조했다. 그 대가로 타이는 막대한 미국의 원조와 차관을 얻어 냈다.

  하지만 피분은 국왕에 관한 입장에서 미국과 이해를 달리했다. 그는 독재자였고 파시즘을 신봉했지만, 나폴레옹처럼 스스로 왕이 되려고 하지는 않았다. 그의 궁극적 목표는 타이민주공화국을 만드는 것이었다. 따라서 왕족의 정치적·사회적 영향력을 최소한으로 줄이고, 왕실을 대중의 눈과 귀에서 멀어지게 하는 것이 중요했다. 그러나 미국의 생각은 달랐다. 미국은 반공주의를 강화하고 선전하는 데서 '국왕'만큼 효과적인 상징은 없다고 생각했다.

푸미폰 왕을
국민영웅 만든 쿠데타 세력

1946년 왕위를 계승한 라마 9세 푸미폰 아둔야뎃이 유학을 마치고 1950년 영구 귀국했다. 피분이 왕의 귀국을 반기는 시늉을 하기는 했지만, 피분의 눈치를 봐야 했던 왕족들은 예전처럼 화려한 축하 행진을 벌일 수도 없었고, 외국 손님을 환영하는 공식행사를 열 수도 없었다. 1957년 사릿 타나랏 장군이 쿠데타를 일으킬 때까지는 그랬다. 사릿은 왕실을 정치적으로 활용할 속셈이었다. 젊고 잘생긴 푸미폰 왕과 미모의 왕비 시리낏이 문화사절단이자 외교관의 역할을 맡아주길 바랐다. 사릿이 정권을 잡았을 때 갓 서른이 된 푸미폰 왕은 정치력이라고 할 만한 힘이 없었고, 대중과도 거리가 멀었다. 그에게 사릿이 통치했던 7년은 부활의 기간이었다.

푸미폰 왕은 미국 보스턴에서 태어나 재즈를 즐기고, 눈 덮인 스위스 산자락에서 어머니와 스키를 즐기던 왕족이었다. 짜끄리 왕실의 직계 후손인 그는 타이의 과거와 현재를 연결하는 상징으로 여겨졌다. 사릿이 사망한 뒤에도 군부 독재자들과 손잡은 푸미폰 왕은 타이의 개발과 통합의 중심이자 시골의 가난한 촌부부터 도시의 젊은 화이트칼라까지 모두 사랑하는 '우리의 왕(나이루앙)'으로 숭앙됐다. 건국의 아버지를 뛰어넘은 근대화의 아버지, 타이 민족주의의 상징으로 몽꿋-쭐라롱꼰 왕에 버금가는 존경과 사랑을 받았다. 2016년에 서거한 그를 향한 애도가 아직도 이어진다. 그러나 푸미폰 왕의 70년 치세에는 군부독재의 그림자가 길고도 짙다.

현시내

키워드 동남아

타이식 민주주의

24.
왕이 '민주주의 영웅' 되자,
국민 머리는 땅바닥에 닿았다

냉전시대의 좌우 대립은 세계 곳곳에 상흔을 남겼다. 동남아도 예외가 아니다. 미국은 공산주의가 도미노처럼 세계로 확산되는 것을 막기 위해 동남아시아에서의 반공주의 확산에 공을 들였다. 냉전이 시작될 무렵인 1947년 미국의 해리 트루먼 행정부는 대통령 직속 정보기관인 미국중앙정보국을 만들었다. 중앙정보국은 이전의 정보기구와 달리 민간인이 정보요원이 될 뿐 아니라 전시가 아닌 평시에도 전 세계를 상대로 첩보활동은 물론 선전, 도발, 정치공작 등 특수 활동을 벌였다. 미국은 이 기관을 통해 신생 독립국의 '반공·친미지도자'를 육성하고 지원했다.

　냉전 초기에 미국 지도자들은 독재를 통해서라도 신생국에서 반공·친미 정권이 확고하게 자리를 잡으면 공산주의가 자멸할 것이라 믿었다. 이 때문에 아시아의 독재자들에게 친미 동맹은 정권 유지를 위한 마르지 않는 샘과 같았다. '근대화'를 이룰 수 있는 막대한 원조와 차관을 얻을 수 있었기 때문이다. 타이의 사릿 타나랏 총리(1959~1963 재임)는 이러한 아시아 신생 독립국의 개발독재자 중에서 최고 모범생으로 꼽힌다.

타이군부독재
뿌리는 반공

타이의 한 정치학자는 사릿 타나랏의 정치를 '대부(代父)식 독재'라 평가한다. 사릿은 부정부패와 잔악함, 여성 편력 등에서 영화에나 나올 법한 행태를 보인 인물이다. 그는 미국중앙정보국이 공작을 통해 키운 다른 독재자들과 달리 1957년 쿠데타를 통해 육군 수장에서 타이 정계의 일인자로 올랐다. 군부를 등에 업은 철권정치를 통해 자신의 정적과 진보 인사를 모두 제압하고는 미국이 동남아시아에서 가장 신뢰한 지도자가 되었다. 특히 미국은 사릿이 푸미폰 왕을 타이 근대화의 아버지로 만들었다는 점을 높이 샀다. 오늘날까지 이어지는 대부식 군부독재 정치와 왕실의 신성불가침 원칙이 결합한 타이의 정치방정식은 이렇게 시작되었다.

사릿이 집권한 1950년대 말 인근 라오스와 베트남에서는 공산주의가 빠르게 세력을 확장하고 있었고, 미얀마(버마)에서는 사회주의가 우세했다. 상대적으로 공산주의의 영향력이 약했던 타이에 미국의 원조가 집중되는 것은 당연했다.

1955년부터 1975년까지 이어진 2차 인도차이나 전쟁에서 타

군사 쿠데타로 집권했던 타이의 사릿 타나랏 총리. 냉전 시절 미국은 동남아시아에서 그를 가장 신뢰하고 지지했다. 위키미디어 코먼스 갈무리.

이는 미국의 핵심기지 역할을 했다. 타이 공군기지에서 출발한 전투기들이 베트남, 캄보디아, 라오스에 폭탄을 마치 비처럼 쏟아부었다. 한국전쟁 때 일본이 맡은 역할과 같았다. 전쟁에 필요한 물자와 인력을 공급하기 위해 타이에는 공장이 세워지고 발전소가 건설됐으며, 고속도로가 놓였다. 기지 주변으로는 미군을 위한 위락·유흥산업이 번창했다.

베트남에 폭탄과 고엽제를 뿌렸던 미 공군기는 타이와 필리핀에서 이륙했으며, 육상의 이들 미군기지 주변에는 우리나라의 미군 기지촌처럼 술집과 사창가가 길게 늘어섰다. 라오스의 수도 위앙짠(비엔티안) 근교의 펩시콜라 공장에서는 헬기로 공수해 온 아편을 마약상들이 가공해 값싼 헤로인을 만들었고, 이는 타이나 필리핀의 홍등가에 휴가 나온 미군 병사들에게 흘러들어갔다. 이처럼 인도차이나가 화염에 불타던 10여 년간 그 이웃들은 반공 독재 아래서 전쟁특수를 누렸다.

그러나 전쟁특수로 경제가 급성장하고 그에 따라 늘어난 중산층이 정치적 권리와 자유의 확대를 요구하게 된 것은 냉전기의 아이러니다. 독재를 해서라도 경제개발을 해야만 공산주의가 뿌리내리지 못할 것이라는 생각은 박정희만 한 게 아니었다. 못살고 못 먹고 못 배운 사람들이 공산주의에 미혹된다는 사고는 냉전시대에 전 세계에 넓게 퍼져 있었다. 1950년대부터 미국의 아이비리그 출신 사회과학자들이 발전시킨 이른바 "근대화이론"은 미국의 대외정책 입안자들에게 먼저 주입되었다.

하지만 미국의 냉전론자들이나 미국을 등에 업은 신생국의 반공·친미 독재자들도 중산층의 확대로 인한 사회 변화까지는 내다보지 못했다. 중산층의 대학생 자녀들은 부모 세대와는 다른 삶을 살고 싶어 했다. 한국 민주화운동의 주축이 학생이었듯이 동남아에서 반미 민주화를 외친 것도 학생들이었다. 그들은 군복 입은 정치가들이 미 제국주의의 꼭두각시 노릇을 하고 있다고 봤다. 특히 베트남전쟁 시기 반미반전 운동은 전 세계로 번졌고, 프랑스 68혁명의 이상과 정신이 한국과 타이 등 동아시아에도 전해졌다.

그러나 동남아의 군부독재도 한국 군사정권과 마찬가지로 학생운동을 폭력적으로 탄압했다. 타이에서 민주주의의 개념을 왕정 우호적으로 정립하게 된 계기가 된 사건들이 1970년대에 일어났다. 박정희가 유신헌법을 제정하던 바로 그 무렵이었다.

타이에서도 민주화를 위한 함성이 점차 높아가던 1973년 10월 6일 방콕 시내에서 민주화와 개헌 요구가 담긴 전단을 돌리던 대학생 11명이 구속되자, 이들의 석방을 요구하는 학생들의 반정부 시위가 갈수록 커졌다. 일주일 뒤 50만 명의 시민이 왕궁 옆에 있는 '왕이 행차하는 길'(라차담는 대로)을 장악하기에 이르렀다. 화들짝 놀란 정부는 시위로 구속된 학생과 시민을 조건 없이 석방한 뒤 헌법 개정도 약속했다. 이에 시위를 주도한 '타이 전국학생연합'도 해산을 결정했다.

하지만 사태는 급변했다. 14일 아침 해산하던 시위대와 경찰 간에 몸싸움이 벌어지자, 정부는 이를 핑계로 군을 동원하고 탱크와 헬리콥터를 투입했다. 군경의 무력 진압으로 이날 하루 77명이 사망하고, 800여 명이 부상했다. 그런데 그날 저녁 푸미폰 왕은 라디오 방송을 통해 '군부가 사퇴할 것이며, 새로운 총리를 임명해 의회를 재구성하겠다'고 전격 선언했다.

이는 사태의 끝이 아니라 새로운 시작이었다. 입헌군주제의 원칙을 깨고 왕이 정치에 직접 개입해 '통치'하기 시작한 것이다. 그는 법에 우선하는 신성한 왕권을 내세웠으며, 결국 이는 30년에 가까운 군부독재에 대항해 시민들이 피 흘려 쟁취한 민주화운동의 승리를 가로채는 일이었다. 푸미폰 왕이 스스로 민주주의의 영웅으로 나선 것이다.

경찰과 군,
극우단체의 연합작전

그 후 3년은 타이의 '민주주의 실험 기간'이었다. 26년 만에 맛보는 문민정부가 내어준 자유를 단 하루도 낭비하고 싶지 않았던 학생과 시민운동가 들은 더욱 진보적인 정치철학과 시스템을 정착시키려고 노력했다. 문제는 주변 환경이었다. 1975년 4월 30일 북베트남이 사이공을 함락시켰다. 이어 라오스와 캄보디아도 공산당이 정권을 잡았으며, 왕족들은 줄줄이 추방당하거나 감금당했다. 남베트남 정권은 호찌민이 이끌던 북베트남에 의해 공산화될까 두려워 친미 반공주의를 내세우며 폭정을 일삼았다. 완전한 탈식민화와 새로운 민족국가 건설을 꿈꿨던 베트남·라오스·캄보디아 공산당은 1955년 이에 저항하는 무장봉기를 일으켰다. 이렇게 촉발된 2차 인도차이나 전쟁은 공산당의 승리로 마무리되었다. 푸미폰 왕과 그의 지지자들은 인도차이나 3국 다음의 '공산화 도미노'는 타이일 것이라고 보고 대책 마련을 서둘렀다.

진보 세력은 곧 공산당이고 타이 민족의 주적(主敵)이라고 일찍부터 규정한 타이의 군부와 왕정파는 극우파 세력을 키우고, 왕실이 후원하는 단체를 늘렸으며, 다양한 정치인들을 적극적으로 포섭해왔다. 하지만 왕정파 군부와 타이 왕실이 공산주의자보다 더 무서워했던 것은 국가원수로서의 왕의 존재를 부정하는 공화주의자였다. 공화주의 민주정권이 들어서는 일만큼은 절대 막아야 했다. 그들은 민주화운동에 쐐기를 박을 결정적한 방을 궁리했다.

1976년 10월 방콕의 탐마삿대학에서는 1973년에 강제퇴진한 군부독재자 타놈 끼띠카쫀의 귀국과 정치활동 재개를 반대하는 시위가 며칠째 벌어지고 있었다. 10월 6일 새벽 2시 중무장한 국경수비대와 경찰이 탐마삿대학을 에워쌌다. 민주화 시위대가 빠져나가지 못하도록 극우 청년들이 경찰 주변에서 '인간 바리케이드'를 만드는 등 연합작전을 벌였다.

경찰이 대학에 기관총을 쏘기 시작하자, 극우파 청년들은 정문을 부수고 들어가 시위대를 무작위로 때리고 죽이고 고문했다. 정부가 언론 보도를 봉쇄하기 전까지 몇 시간 동안, 이 잔인무도한 학살 장면은 텔레비전과 라디오로 생중계되었다. 민주화를 염원하는 학생과 시민들 머리 위로 무자비한 기관총 세례가 쏟아졌다. 1980년 5월의 광주를 떠올리게 하는 장면이다. 투항해 바닥에 엎드린 학생과 시민들에게조차 가차 없는 군홧발이 날아들어 주변은 피투성이가 됐다.

베트남전쟁 취재차 잠시 타이에 들렀던 AP 통신 기자 닐 율레비치는 이날 탐마삿 대학살 장면을 목격했다. 이미 생명이 끊어진 학생을 나무에 매달아놓고 의자로 내려치는 광경을 웃으며 구경하는 극우파 청년들의 모습을 율레비치는 카메라에 담았다. '방콕거리의 혼돈과 야만성에 관한 사진'이라는 제목의

1976년 10월 6일 타이 군경과 극우파 청년들은 탐마삿대학을 포위한 뒤, 민주화를 요구하는 대학생 시위대를 때리고 고문하고 살해했다. 이미 숨진 학생을 나무에 매달고 극우파 청년이 철제 의자로 내리치는 사진은 1976년 탐마삿 학살을 상징한다. 지난 2020년 열린 탐마삿 학살 44주년 기념 전시회장에 걸린 사진 (AP 통신 기자 닐 율레비치 촬영)을 관람객들이 바라보고 있다.

이 사진은 1977년 퓰리처상을 받았다. 윗옷이 벗겨진 학생 수백 명이 손을 머리 뒤로 올리고 운동장에 엎드려 있는 사진 속에서 군복을 입은 국경수비대가 들고 있는 미국산 M16 소총이 한없이 크게만 보인다. 많은 학생들이 총탄을 피해, 그리고 군인과 극우파 청년들을 피해 도서관 옆 짜오프라야강으로 허겁지겁 뛰어들었다. 전남도청의 그날이 떠오를 수밖에 없다. 오늘날까지도 정확한 사상자 수가 파악되지 않은 이날의 사태는 폭동으로 왜곡됐던 광주민주화운동에 비견된다.

1973년 10월 14일이 타이의 민주화 기념일로 인정받긴 했지만, 정작 1976년 10월 6일을 뼈아픈 상실의 역사로 만든 데는 왕실의 작용이 있었다. 왕실 근위대 역할을 해온 국경수비대가 탐마삿대학 학살에 투입된 것은 최소한 왕실의 묵인이 있었음을 방증한다. 하지만 왕실모독죄로 최대 징역 15년형까지 가능한 타이에서 왕실의 책임을 묻는 일은 쉽지 않다. 더욱이 국왕이 반신반인(半神半人)으로 숭앙받는 상황에서 왕실을 비판하면 법적 책임뿐 아니라 사회적 고립도 감수해야 한다. 이 때문에 탐마삿 대학살의 역사는 침묵을 강요당했고, 침묵은 학살의 주역들이 과거를 선택적으로 기억하도록 조작하는 것을 방조했다.

그러나 강요된 침묵이 계속될 수는 없는 법이다. 질식된 진실을 역사의 기억으로 새기기 위해 1990년대 이후 광주 5·18기념재단과 타이의 민주화운동가들의 교류가 이뤄졌고, 2017년 5·18기념재단은 민주화운동을 주도하다 2016년 12월 왕실모독죄로 구금됐던 학생운동가 자투팟(짜뚜팟) 분파타라락사에게 '광주인권상'을 수여했다. 군주제 개혁과 민주화를 위해 투쟁해온 인권변호사 아논 남파도 '2021년 광주인권상' 수상자로 선정됐다. 1976년 10월의 방콕과 1980년 5월의 광주가 민주화운동으로 연대한 것이다.

어버이날은
왕과 왕비의 생일

1970년대 말부터 타이의 정치 담론을 장악해온 키워드는 '타이식 민주주의'다. '한국식 민주주의'를 외친 박정희의 10월 유신이 생각나는 말이다. 동남아식 민주주의는 각국 정치의 고유성과 전통을 강조하는 보수적 담론에 따라 정권이 바뀔 때마다 정의도 바뀐다. 냉전 시기 개발독재의 환상을 끊임없이 재생산하는 기득권 세력이 여전히 건재한 탓이다.

타이의 극우파와 왕정을 지지하는 정치인들은 푸미폰 국왕과 시리낏 왕비의 생일을 '아버지의 날'과 '어머니의 날'로 만들었고, 왕족 앞에서는 일반 시민이 온몸을 바닥에 납작 엎드려 절하도록 했다. 19세기 중반에 쭐라롱꼰왕이 금지한 관습을 되살린 것이다. 국왕과 왕실의 인기가 높아지고 영향력이 커질수록, 타이 국민들의 머리는 바닥에 가까워졌다.

10대 청소년들이 세 손가락을 높이 들어 총리 퇴진, 헌법 개정, 그리고 왕정 개혁을 외친 2020년 9월까지, 타이 민주주의는 왕이라는 아버지의 발밑에 있었다. 2년 반 만에 감옥에서 석방된 청년 민주화 투사 자투팟은 다시 거리에서 '아버지가 없는 민주주의'를 외치고 있다.

현시내

왕립개발프로젝트

25

타이 왕실, '헬리콥터맘' 덕에
무소불위 됐다

타이 북부의 치앙라이주에서 미얀마 국경으로 가는 2차선 도로 양편에는 카페들이 늘어서 있다. 버스 창문을 열면 바람에 실려 옅은 커피 향이 밀려든다. 타이 국경지역 고지대의 소수민족이 키운 남다른 풍미의 커피다. 이곳 커피가 입소문을 타고 지구촌으로 퍼져, 여행객들이 즐겨 찾는 기념품이 됐다. 그중에서도 가장 유명한 커피가 도이뚱 커피다. 도이뚱 커피에 대한 이야기를 할 때 빠뜨릴 수 없는 이가 현 타이 왕의 할머니이자 선대 라마 8세와 9세의 어머니인 왕대비 상완이다.

상완은 아들 푸미폰 국왕이 통치하던 1980년대에 산적과 마약 중개상의 본거지였던 도이뚱이라는 산을 개척하는 왕립개발프로젝트를 추진했다. 우선 아편을 재배해 검은돈을 벌고 있었던 현지의 소수민족에게 아편 대신 딸기와 같은 온대성 과일과 채소를 심어 소득을 올릴 수 있도록 했다. 왕립개발프로젝트

타이 푸미폰 왕의 어머니인 상완은 1960년대 말부터 서민 행보를 취해 타이 왕실의 권위를 높이는 데 큰 구실을 했다. 스위스 로잔의 사찰(시나카린타라와라람)에 그의 딸인 깐라야니 공주의 지원으로 그려진 벽화에 상완의 활동 모습들이 그려져 있다. 위키미디어 코먼스 갈무리.

의 야심 찬 산물인 도이뚱 커피도 이때부터 만들어지기 시작했다. 왕립개발프로젝트 단지는 일반인에게도 공개되는데, 이곳에는 왕대비 상완이 머물던 빌라가 있고, 그 앞으로 이국적인 화원이 넓게 펼쳐졌다. 화원 뒤로는 대형 식물원과 왕실 마히돈 가족의 기념관이 있고, 약 30킬로미터 떨어진 곳에 왕대비 상완의 봉사정신을 기리기 위해 세운 매팔루앙(매파루앙)대학이 있다.

1980년대 개발된 도이뚱 왕립개발단지 안에 있는 도이뚱 커피숍 건물. 마약 재배 지역이었던 도이뚱산은 왕립개발사업으로 커피 산지로 바뀌었다. ⓒ현시내

키워드 동남아

화교집안 출신 시녀에서
유학 뒤 왕자와 결혼

상완의 삶은 굴곡졌다. 1900년 화교 집안의 셋째로 태어난 상완은 어린 시절 부모를 모두 잃고, 7살 나이에 왕궁에 들어가 시녀가 됐다. 13살에 시리랏 병원에서 간호학을 공부하기 시작했는데, 영민한 그녀는 병원장의 주선으로 미국 유학을 떠났다. 당시 하버드대학에서 의학을 공부하던 마히돈 왕자를 만나 평민 출신의 상완은 19살 나이에 타이 왕실의 일원이 됐다. '타이판 신데렐라'라고 할 만도 하지만, 해피엔딩은 아니다. 상완은 29살 되던 해에 남편(마히돈 왕자)을 병마로 잃었고, 첫째 아들인 라마 8세마저 즉위한 지 얼마 되지 않아 총에 맞아 숨진 채 발견되었다. 1946년 라마 8세의 변고 뒤 상완의 둘째 아들인 푸미폰이 라마 9세로 왕위를 계승했다. 남편과 첫째 아들을 잃은 상완에게 남은 일은 푸미폰 왕(1946~2016년 재위)을 지키는 것이었다.

1960년대 초반까지 푸미폰은 왕이라기보다 자선행사나 외국 주요 인사를 위한 환영파티에서나 볼 수 있는 상류계층 출신의 유명인에 더 가까웠다. 그런 푸미폰 왕에게 서민적 이미지를 만들어주고 국민의 존경을 받을 수 있게 기반을 마련해준 이가 바로 어머니 상완이다. 푸미폰의 즉위 이후에도 스위스에 살던 상완은 환갑이 지난 1960년대 후반 타이로 거처를 옮겼다. 화려한 샹들리에 아래 명품으로 치장하고 플래시 세례를 받던 아들 부부와 달리 타이로 돌아온 상완은 카키색 군복을 입고 국경지대 소수민족 마을의 학교 신축 모금 행사를 열고, 오지의 학교에 책상이나 학용품, 비상약품을 직접 나눠주는 등 낮은 곳을 향했다. 타이와 미얀마의 국경 오지에 사는 소수민족은 병원을 가고 싶어도 너무 멀어서 못 가거나, 타이말을 못해 의료 혜택을 누리지 못했다. 상완은 대도시의 큰 병원 의사들과 간호사들을 헬리콥터에 태워 국경 두메산골 마을에서 의료 활동을 할 수 있도록 주선하기도 했다. 이런 상완의 열정으로 1969년 국왕의 공식적인 왕립개발프로젝트가 개시됐다.

흔히 동남아시아에서의 여성 정치인이라고 하면 제일 먼저 떠오르는 이가 미얀마의 아웅산 수치일 것이다. 아웅산 장군의 딸 아웅산 수치는 비폭력 민주화운동의 상징이며, 미얀마 국가고문이자 외무부 장관으로 활동했지만 2021년 2월 1일 발생한 군사 쿠데타로 다시 감금됐다. 필리핀의 피플파워를 등에 업고 첫 번째 여성 대통령이 된 코리 아키노 또한 아시아의 여성 정치인 중에서는 상징적인 존재이다. 이들의 공통점은 둘 다 가족의 비극으로 인해 정치에 입문했고, 저항의 가족사를 극복하는 과정에서 폭력적인 군사독재에 대비되는, 평화와 안정을 지향하는 여성 정치인 이미지를 성공적으로 구축했다는 것이다. 단순한 동정심에 호소해 표를 얻은 것이 아니라, 오랜 기간 자신의 가족을 넘어서 민주주의 수호를 위해 헌신하고 희생했기 때문에 리더가 될 수 있었던 것이다. 비슷한 맥락에서 타이의 상

8대 국왕인 아난타 마히돈(왼쪽)과 어머니 상완, 그리고 당시 왕자였던 푸미폰이 1946년 5월에 찍은 사진. 이 사진을 찍고 한 달 뒤에 마히돈 왕이 숨진 채 발견됐으며, 푸미폰이 왕위를 이어받았다. 위키미디어 코먼스 갈무리.

완 역시 가족의 비극으로 넓은 의미의 정치, 즉 공적 활동에 입문하게 되었다. 다만 가족의 비극을 민주화의 동력으로 전환시킨 아웅산 수치와 코리 아키노와 달리 상완은 자신의 아들인 푸미폰 왕을 정적으로부터 보호하는 동시에, 1932년 혁명 이후 대중에게 잊혀가고 있었던 짜끄리 왕조의 영광을 되살려내는 데 집중했다.

상완이 향한 낮은 곳에는 타이의 소외계층이 있었고, 그중 고지대의 소수민족들에 주목했다. 상완은 헬리콥터를 타고 국경

지대의 높은 산맥을 가로지르며 지도에도 나오지 않는 두메 마을을 찾았다. 그녀는 새벽부터 마을 입구에서 기다리는 주민들에게 비상약은 물론 부처님 사진과 농사 도구를 나눠줬다. 아이들에게는 책과 옷을 선물하고, 국왕 부부 사진이 든 금박 액자를 줬다. 하늘에서 헬리콥터를 타고 내려와 가난하고 무지한 소수민족에게 문명을 소개해준 왕의 어머니 상완이 "하늘에서 내려온 어머니"(매팔루앙)로 불리며 '전설'이 된 것도 이때부터였다.

상완이 소수민족을 위해 교육과 의료 지원을 확대하는 왕립 프로젝트를 1960년대에 시작하게 된 계기는 따로 있다. 미국중앙정보국은 중국 공산당이 동남아시아로 세력을 확장하는 것을 막기 위해 1950년대 초부터 중국과 인접한 타이의 북부 국경 지역에서 다양한 선전활동과 첩보활동을 벌이고 있었다. 이러한 활동을 위해 타이 군부와 함께 조직한 국경수비대는 타이 경찰 소속이었지만, 실질적으로는 미국중앙정보국의 첩보활동을 돕고 있었다. 타이 국경수비대의 이러한 대민지원사업 중 소수민족 어린이들을 위한 학교 건설 프로젝트와 보건시설 확대 사업에 상완이 참여한 것이다. 타이 왕실이 동남아에서 반공주의 근대화의 상징이 되기를 바랐던 미국중앙정보국은 상완을 열렬하게 환영했다. 실제로 그녀가 타고 다녔던 헬리콥터와 연료를 제공했던 회사들은 미국중앙정보국의 첩보, 선전 활동을 돕던 비밀조직이었다. 결국 국경수비대의 대민지원사업은 차례로 상완의 왕립개발프로젝트로 흡수되었다가 1969년에는 국

국경지대 두메마을을 시찰할 때마다 군복에 베레모를 쓴 푸미폰 왕의 어머니 상완의 모습이 매일 저녁 텔레비전 뉴스로 보도됐으며, 왕실의 권위를 높이는 데 주요한 구실을 했다. 치앙라이 매팔루앙 예술문화 공원에 있는 국경수비대 군복을 입은 상완 동상. 위키미디어 코먼스 갈무리.

왕이 직접 관리하는 왕립개발프로젝트가 된다. 매팔루앙 전설도 소수민족으로부터 시작한 것이 아니다. 누가 처음 이 별명을 사용했는지는 알 수 없지만, 매팔루앙 '전설'을 취재한 미국 기자의 기사에 의해 널리 알려지기 시작했다. 이 기자의 배우자는 미국중앙정보국 소속이자 타이 국경수비대의 고문이었다.

왕실과
미국이 띄운 왕대비

선전효과를 노려 의도적으로 만든 이야기들은 사진이나 영상

을 통해 대중에게 전파되었다. 당시 타이 왕족의 언론 노출은
타이 왕실 홍보부와 미국 공보원(United States Information Service)이
통제했는데, 이 관행은 21세기인 오늘까지 이어지고 있어 지금
도 매일 저녁 8시면 텔레비전 뉴스 등을 통해 방송되고, 매년 수
백 권의 사진집이 왕실 홍보부에 의해 만들어진다. 2020년 말까
지만 해도 일반인은 왕족의 사진을 찍을 수 없었다. 지금도 신
문이나 사진집에 나온 이미지는 함부로 쓸 수 없다. 저작권의
문제가 아니라 왕실모독죄 때문이다.

특히 상완은 왕실의 이미지 만들기에 독보적이고 선도적인
구실을 했다. 국경수비대 군복을 입고 베레모를 쓴 채 헬리콥터
로 두메산골을 찾아다니며 소수민족에게 선행을 베푸는 모습
은 매일 저녁 모든 미디어를 통해 타이 방방곡곡으로 퍼졌다.
푸미폰 왕이 서민적인 국왕으로 이미지 변신에 성공한 것은 어
머니 상완 덕분이었다. 왕도 1960년대 말부터 턱시도 대신 수수
한 셔츠와 면바지 차림으로 카메라를 목에 두르고, 지도와 펜을
손에 쥔 채 먼지가 풀풀 날리는 시골길을 걷기 시작했다. 그가
이마에 흐르는 땀을 닦지도 않은 채 정부 관료들에게 지시하는
모습 등이 매번 모든 미디어에 도배됐다. 남루한 옷차림에 깊은
얼굴 주름을 가진 할머니의 손을 잡고 인자한 미소를 띠는 모습
을 클로즈업한 사진은 지금도 푸미폰 왕을 대표하는 사진이다.

타이의 은행은 매년 국왕과 왕비의 사진으로 달력을 만든다.
무료로 배포되는 이 달력들은 팟타이(타이의 쌀국수 요리)를 만들

어 파는 길거리 상인의 포장마차에도 걸리고, 시내버스에도 걸린다. 서점에서는 왕족의 사진집과 명언집을 가장 눈에 잘 띄는 장소에 진열한다. 카메라가 귀했던 냉전 시기에 사진과 영상자료의 힘은 실로 엄청났고, 왕실의 막대한 언론 노출과 이를 통한 이미지 연출과 통제는 모두 냉전 시기에 반공주의의 전파를 목적으로 시작되고 발전되었다. 타이의 왕실은 냉전을 통해 재탄생했고, 왕실의 위상을 높이는 데는 상완의 역할이 컸다.

상완의 모든 업적이 언론플레이를 통해 만들어졌다고 말할 수는 없다. 앞서 봤듯이 그녀는 평민으로 태어나 동화처럼 왕자를 만나 결혼했지만, 젊은 나이에 남편과 아들을 잃은 비극의 주인공이기도 했다. 상실의 경험으로 인한 깊은 트라우마 때문에 스위스에서 타이로의 영구 귀국을 꺼렸다는 소문도 세간에 파다했다. 하지만, 막내아들 푸미폰 왕까지 피도 눈물도 없는 군부의 정쟁에 잃을 수는 없었다. 푸미폰 왕과 짜끄리 왕조를 보호할 수 있는 것은 타이의 군부도, 미국도 아니라 바로 왕을 사랑하는 타이 국민이라고 상완은 생각했다. 그리고 대중의 사랑과 존경을 얻기 위해서는 색소폰 연주를 즐기고, 턱시도를 입고 볼룸댄스를 추는 화려한 왕이 아니라, 가난하고 무지한 백성을 근대화로 이끄는 아버지가 되어야 했다. 세금을 축내는 금수저라는 이미지 대신, 백성을 위해 밤낮으로 일하는 왕이라는 이미지를 각인시키는 것도 중요했다. 왕의 어머니가 국경수비대의 군복을 입고 오지를 찾아다닌 이유다. 그의 궁극적 목표는

시린톤 공주가 1992년 타이 북부지역 나콘 사완주 넝브아 군청을 방문한 모습. 푸미폰 왕처럼 수수한 옷차림에 카메라를 목에 걸고 공책을 들고 다니는 모습으로 타이민이 현재 가장 사랑하는 왕족으로 알려져 있다. 위키미디어 코먼스 갈무리.

자기 아들이 좀 더 강한 왕권을 가지게 되어 안위를 보장받는 것이었다. 푸미폰 왕은 이러한 어머니의 발자국을 따라간 끝에 타이 역사상 가장 많은 사랑을 받았다. 이로써 쇠락의 길을 걷던 짜끄리 왕조가 기적적으로 부활했다.

할머니 행보 따르는
시린톤 공주

푸미폰 왕의 셋째 자녀인 시린톤 공주도 짜끄리 왕조 부활에 한몫했다. 푸미폰 왕은 외국인과 결혼해 공주 직위가 박탈된 다른 두 딸이나 사생활이 복잡해 인기가 없던 현 국왕보다 둘째 딸을 각별하게 여겼다. 푸미폰 왕이 생전에 왕실 법을 바꿔서라도 시린톤 공주에게 왕위를 물려주려 했다는 소문마저 돌았다. 그를 지지하는 왕정파가 여왕 승계의 정당성을 알리려고, 할리우드 영화 〈대부〉를 감독한 프랜시스 코폴라와 손잡고, 버마인에게서 타이를 지켜낸 구국의 여왕 수리요타이 이야기를 영화로 만들기도 했다.

시린톤 공주가 타이민의 사랑을 받는 이유는 바로 "하늘에서 내려온 어머니" 상완의 전설을 이어왔기 때문이다. 할머니 상완이 연로해 장거리 여행이 힘들어졌을 때 손녀에게 오지로 가서 서민들의 고충을 헤아리고 도우라고 했다고 한다. 할머니의 전설을 이어가는 시린톤 공주는 타이에서 "천사 공주"(프라텝) 라 불린다. 천사 공주는 할머니처럼 지금도 헬리콥터를 타고 지도에도 없는 마을에 자신의 발자국을 남기고 있다. 그러나 타이의 밀레니얼 세대는 '하늘에서 내려온 어머니'와 '천사 공주'가 쌓아온 왕실 권위에 고개 숙이길 거부한 채 왕정개혁을 요구하는 목소리를 점점 더 높여가고 있다.

현시내

강소국*

26.
싱가포르의 마이웨이 외교

언론이나 여러 대중매체에서 싱가포르를 강소국이라고 소개하는 경우를 종종 들어봤을 것이다. 작은 국가지만 1인당 GDP가 6만 달러가 넘는 경제력에 주목하면서 이 표현을 덧붙이곤 한다. 그러나 싱가포르는 경제력뿐 아니라 외교의 측면에서 오랫동안 강한 나라의 모습을 보여왔다. 물론 영토, 인구, 군사력, 경제력으로 위계가 형성되는 국제관계에서, 서울보다 조금 큰 면적에 약 580만 명이 살고 있는 작은 나라가 외교적으로 위상을 높이는 건 쉽지 않은 일이다.

예로부터 여러 위대한 국제정치이론가들은 강대국 간 세력 분포와 외교 관계에 따라 작은 나라들의 운명이 결정되는 건 어쩔 수 없다고 이야기해왔다. 실제로도 작은 나라들은 의도적으

---

* 이 글은 2021년 9월 16일자 교수신문 '글로컬 오디세이,' 웹진 서강동연 2021년 10호에 수록된 바 있습니다.

2015년 싱가포르 국립박물관에서 열린 리콴유 회고전. 싱가포르의 리콴유 초대 총리는 작은 도시국가로서 싱가포르의 국제적 생존전략과 큰 틀의 방향을 제시한 인물이다. © <한겨레> 김지은 기자

로 저자세를 취하거나, 강대국 정치에 대한 반응에 외교 에너지를 치중하는 경우가 많은 게 사실이다. 실패국가나 대량살상무기, 테러리즘과 연계된 사건을 제외한다면, 우리가 신문과 TV에서 보는 글로벌 정치와 국제 뉴스의 대부분이 미국과 중국, 일본에 관한 것이라는 사실 역시도 알게 모르게 이러한 구조적 시각을 강화하는 듯하다.

그러나 작은 국가로서의 지정학적 한계에도 불구하고 싱가포르는 외교에서 수동적이거나 저자세를 취하지 않는다. 물론 영토의 크기나 지정학적 위치, 인구 수적인 열세로 인해, 여타 소국과 마찬가지로 국가 생존을 위협하는 외세에 예민할 수밖에 없다. 하지만 빌비어 싱(Bilveer Singh) 싱가포르 국립대 교수가 표현한 것처럼, 이 나라는 냉전과 탈냉전 시대를 거치는 동안 전략적, 정치적, 경제적으로 더 자율적인 공간을 마련해 본원적인 취약성을 극복하는 행동주의적 모범을 보이고 있다.

똑똑한
다자외교

싱가포르의 대외적 목표는 그들의 외교 양식에서 잘 드러난다. 특히 소수의 강대국 외교 관계에 공을 들이는 데에서 더 나아가, 외교관의 수적인 열세와 무관하게 글로벌 거버넌스 플랫폼에서 똑똑한 외교를 펼치는 것으로 유명하다. 아시아의 작은 나라지만 이들이 국제무대에서 혁신적인 협력 의제를 설정해 제도화에 성공한 사례도 자주 보인다. APEC(아시아태평양 경제협력체)이 건설되면서 아시아에서도 다자주의가 주목을 받기 시작하자, 싱가포르는 여기에 참가하지 않은 유럽과 아시아 사이의 정상급 회의체를 별도로 추진해 APEC 성장 과정에서 유럽이 느꼈을지 모를 상대적인 소외감을 상쇄시키고자 했다. 이게 바로 지금의 ASEM(아시아 유럽 정상회의)이다.

또한 냉전이 끝나고 미국이 동남아에서 관심을 뗄지도 모른다는 불안감과 중국의 성장에 대한 두려움이 커지던 1990년대 초반, 싱가포르는 캐나다와 유럽과 함께 ASEAN(동남아시아국가연합) 지역의 다자안보 협의체를 만드는 데 앞장섰던 나라이기도 하다. 당시 ASEAN 지역 단위에서 안보 문제를 협의하는 것에 탐탁지 않아 했던 다른 ASEAN 회원국들에게 이 아이디어를 내부에서 설득하는 어려운 역할을 맡은 것이다. 이 노력은 현재 ARF(아세안 안보 포럼)로 무럭무럭 성장했고, ARF는 동아시아 지역에서 가장 회원 수가 많고 오래된 다자안보 협의체 중 하나가 되었다.

이와 더불어, 지역이나 이념과 상관없이 소국들이 모여 '전략적 무게'를 키울 수 있는 자리를 마련하겠다는 목표로 1992년 설계된 FOSS(작은 나라들의 포럼, Forum of Small States)도 싱가포르 외교관들의 아이디어에서 시작되었다. 싱가포르는 여전히 이 협의체를 주도하며 소국의 정체성을 자랑스럽게 유지한다. 한국이나 멕시코가 OECD에 가입해 국제사회에서 격상된 지위를 자축할 때, 싱가포르는 불참을 선택했다. 선진국의 명성이나 지위보다 작은 나라로서 얻을 수 있는 실리가 더 크다고 생각했을 것이다.

소국이
어때서?

싱가포르의 소국 정체성은 고립된 국가를 국제사회로 끌어내고 약자의 목소리를 앞으로 끌어내는 역할에 대한 국가의 관심으로 연결되곤 했다. 특히 많은 한국 시민들에게 싱가포르 외교

2018년 싱가포르에서 개최된 북미회담 당시 김정은 북한 국무위원장과 비비안 발라크리슈난 싱가포르 외교장관. 싱가포르는 한반도 문제 평화와 관련한 외교적 노력을 직간접적으로 지원하는 이웃국가이다. © <한겨레> 김성광 기자

는 2018년 미국과 북한의 정상회담으로 기억될지도 모르겠다. 싱가포르는 식민 경험이 있던 약소국이나 개도국들끼리 냉전 당시에 어느 진영에도 매몰되지 않고 제3의 길을 가고자 만들었던 비동맹운동과 UN 내 77개 개발도상국의 연합체인 G77에도 50년을 참가해온 나라이다. 오랫동안 어느 한쪽 강대국이나 이념에 휘둘리지 않고 모든 나라와 협력하겠다는 외교를 표방해왔기 때문에, 북미회담의 허브 역할이 어색하지 않다.

특히 전 세계에서 가장 개방된 시장경제를 운영하면서 정치적으로 일당 권력을 유지하는 싱가포르의 노하우는 동남아 구 공산권 국가들이나 북한 지도자들에게 매력적인 모델로 비춰질 수밖에 없다. ASEAN이 주도하는 ARF는 남북이 함께 가입

키워드 동남아

해 있는 유일한 다자안보 협의체라는 상징성을 얻게 되었는데, 북한이 가입하던 2000년 그해의 ASEAN 의장국 역시 싱가포르였다. 다자회의 개최를 위해 매년 돌아가며 맡는 의장국이 누구냐에 따라 외교 결과물이 달라지는 ASEAN 주도 협의체들의 특성을 감안하면, 북한 가입이 확정, 선포되는 과정에서 그해 의장국인 싱가포르의 지지와 역할은 중요했다는 평가가 다수다.

그뿐 아니라, 소국이지만 경제적으로 풍요로운 국가 이미지를 앞세워, 동남아시아 내 지역 다자협력을 주도하기도 한다. ASEAN이 지역협의체로 발전하는 역사를 평가할 때면, 많은 사람들은 인도네시아의 리더십에 주목한다. 인도네시아는 ASEAN 창설부터 굵직한 외교적 모멘텀을 주도한 국가이기도 하고, 나라 크기와 인구 및 자원력에서도 압도적이다. 인도네시아 정부의 주도 아래 ASEAN 사무국 부지가 자카르타 한가운데에 마련되기도 했고, 그때부터 미국, 중국, 일본, 한국 등 주요 국가들이 주ASEAN 대표부를 자카르타에 설립하면서 명실상부 동남아시아 다자외교의 허브로 기능하고 있기도 하다. 그러나 싱가포르의 지역 다자협력 리더십은 드러내지 않고 정밀하게 틈새를 공략하는 데 능하다.

특히 이들은 경제적인 성공 경험을 살려 개도국 이웃 나라와 '윈윈'하는 경제 외교에 외교력을 집중한다. 싱가포르의 행동주의 외교는 시혜적이거나 방어적이기보다, 경제발전이나 지정학적 취약성 극복 등 비강대국으로서 공동의 관심사를 해결하는 데서 서로 도움이 되는 방식을 제안하는 경우가 많다. 그 예로, ASEAN 내 국가 사이의 개발 격차를 줄이기 위해 마련된 IAI(ASEAN 통합구상)의 탄생 뒤에는 싱가포르의 역할이 있었다. 여타 ASEAN 협력과 달리, IAI는 ASEAN이 ASEAN을 스스로 돕는다는 남남 개발협력(South South cooperation) 가치를 모토로 시작되었다. 싱가포르는 강소국 정체성을 바탕으로, 경제적으로 뒤처진 ASEAN 회원국들의 기술 및 행정력 강화를 지원하는 다자 원조 사업을 통해 ASEAN의 리더 위치를 강화하고자 노력했다.

오랜 역사에도 불구하고, 동남아시아에서 진행이 더딘 소지역 협력 사례에서도 싱가포르의 역할이 돋보인다. ASEAN 내에서도 하부 지역 단위에서 일부 회원국끼리 협업하는 성장 지대를 만들고자 하는 노력은 1990년대부터 시작되었다. 특히 해양부 동남아시아에서는 각국의 낙후지대 개발을 위해 지방 정부 수준에서 개발 사업을 주도하고자 했다. 물론 여러 구상 가운데에서도 지금까지 가장 뚜렷한 진전을 보이는 사례는 싱가포르-조호르-리아우 성장지대(SIJORI) 사업 정도다. 3국이 가진 장점을 보완적으로 활용해 국경지대 발전을 꾀하고 지역 경제 연계성을 강화하기 위해 마련된 사업이다. 이 사업이 성공한 배경에는 싱가포르의 자본뿐 아니라 정부의 외교 리더십이 있었다.

맥락적 효율을
추구하는 외교양식

이처럼 싱가포르 사례에서 자주 관찰되는 행동주의 외교는 싱가포르 외교가의 관습적 특징과 연결된다. 효율과 실용을 중시하는 문화 덕분에 싱가포르 정부는 기수보다는 능력으로 외교 수장을 선발하고 조직 외부의 인재 등용에 적극적인 것으로 알려져 있다. 40대 젊은 외교관이 대사 업무를 수행하거나 경제협상단을 이끄는 사례가 적지 않다. 결과와 실리를 중시하는 서구 비즈니스 문화와 이질감이 적은 만큼, WTO나 UN 등 서구 주요국 주도의 외교 공동체에 편입하는 과정에서 생기기 쉬운 문화적인 마찰이나 비용을 줄였다는 점도 싱가포르가 외교 강국이라는 수식어를 다는 데 영향을 주었을 것이다.

물론 혹자들은 이를 두고 느슨하고 권위적이며 형식을 중시하는 여타 ASEAN 이웃들과 싱가포르 사이의 문화적 마찰을 우려할지도 모르겠다. 그러나 싱가포르가 이웃들과의 협상에서 역내 고유의 ASEAN 방식 외교에서 크게 벗어나는 우를 범하지는 않는 듯하다. 전 싱가포르 외교관에 따르면, 국가 전반에 흐르는 유교적 영향 때문에 연장자를 우선시하는 문화나 서열과 권위의 문화 역시 공존한다고 한다. 효율과 결과, 내용을 우선시하지만, ASEAN 내부에서 형성된 외교문화적 코드에 억지로 불편하게 맞춰야 하는 관계는 아니라는 뜻이다.

더군다나, ASEAN은 싱가포르가 글로벌 거버넌스에 참여하는 여정의 길목에서 편안하고 안전한 보완 장치를 제공해준다. ASEAN은 거대한 시장과 풍부한 자원으로 싱가포르의 부족함을 채워주는 기회이기도 하다. 거대한 이슬람권 국가들에 둘러싸여 반도 끝에서 생존하고 번영해야 하는 그들에게 ASEAN 국가들은 싱가포르의 안위를 위해 달래고 협력해야 할 핵심적 파트너이다. 그러나 단지 국가의 크기와 인구의 숫자 때문에 이들 이웃에게 얕보이고 싶어 하지 않는다. 지정학적 취약성이 그들을 움츠리게 할 수 있었지만, 외세에 둘러싸인 소국으로서 이웃들에게 치이지 않고 자율성을 유지하고자 했다. 싱가포르가 강소국이 될 수 있었던 이 여정에는 눈부신 경제성장이 큰 역할을 했지만, 이와 더불어 그들의 탄력적이고 혁신적인 행동주의 외교 양식과 아이디어도 한몫했을 것이다.

　동아시아의 지역 질서와 외교의 향방을 논할 때, 우리는 줄곧 미국과 중국, 일본 외교에 눈을 먼저 돌리곤 했다. 그러나 강대국의 관계 변화에 대응하는 전략 못지않게 선제적으로 목소리를 키우고 행동하는 똑똑한 외교를 추구한다면, 지정학적 조건의 격차가 너무나도 큰 주변의 강대국들은 적절한 모델이 될 수 없다. 오히려 작은 나라로서의 구조적 취약성을 극복하기 위해서는 기민함과 유연성이 필요하다. 그런 점에서 주변 비강대국들이 어떻게 외교를 혁신하고 새 아이디어를 행동으로 옮기는지를 지켜볼 만하다. 더군다나 미중 간 패권 경쟁이 질서의 불

　　　　　　　　　　　　　　　키워드 동남아

확실성을 키우는 현 시점에서, 이웃 강소국 싱가포르의 외교 양
식에 대한 공부는 우리의 외교 방향에 대한 성찰에 자양분을 제
공하리라 본다.

배기현

Bebas dan Aktif*

27

다이내믹 인도네시아 외교

인도네시아 하면 풍부한 자원, 다채로운 문화유산, 거대한 인구, 역동적인 다민족 국가를 떠올리게 된다. 우리 기업이 눈을 돌려야 하는 기회의 땅이고, 코로나19로 발이 묶인 사람들이 따뜻한 치유와 휴식을 위해 방문하길 고대하는 여행의 목적지이기도 하다. 그러나 이토록 가까운 나라이지만, 우리는 국제사회 속 인도네시아에 대해서 여전히 모르는 부분이 많다. 최근 언론에서 많이 회자되는 ASEAN의 회원국이고, 동남아에서 가장 큰 나라로서 목소리를 낸다는 정도는 알려져 있다. 하지만 이들 외교의 중심 원칙과 이에 따른 역사적 행보에 대한 내용은 여러 독자들에게 생소하다. 앞에서 다룬 강소국 싱가포르 외교 이야기에 이어, 이번에는 행동주의 외교를 실천하는 또

• 이 글은 웹진 서강동연 2021년 9호에 수록된 바 있습니다.

하나의 이웃 나라, 인도네시아에 대해 이야기해볼까 한다.

'Bebas dan Aktif':
인도네시아 외교의 핵심 가치

독립한 이후부터 지금까지 인도네시아가 대외관계에서 고수해온 중요한 원칙이 하나 있는데, 이것은 '독립적인 행동 외교(bebas dan aktif)'라는 이름으로 알려져 있다. 이 원칙은 외부 강대국의 압력에 휘둘리지 않고 주체적으로 국제사회에 적극 참여하겠다는 다짐이기도 하다. 인도네시아는 넓은 영토와 풍부한 자원, 많은 인구로 구성된 나라이지만, 수백 년에 걸친 외세의 식민지배와 수탈의 아픔을 경험한 나라이기도 하다. 이 때문에 신생 인도네시아 공화국의 지도자들은 강대국의 원치 않는 개입을 차단하고자 노력했으며, 이러한 원칙은 21세기 현재의 동아시아 정세에 대한 판단에까지 적용되고 있다. 국방을 위해 강대국의 지원이 필요했던 권위주의 정권 때에도 불필요한 조약적 구속을 피하고 정책 재량의 일정 폭을 유지하고자 했다. 하지만 이러한 이유로 대외관계에서 방어적인 자세를 취하는 것은 원치 않았다. 이 나라 정치 지도자들은 국제적인 의제에 대해 무관심으로 대응하거나 뒤로 숨기보다 문제 해결에 적극적으로 참여하겠다는 의지를 늘 명시적으로 드러내왔다. 이런 점에서 인도네시아는 행동하는 외교를 강조해왔다. 주체성과 행동성은 지금까지 그들의 외교를 관통해온 일관된 원칙이었다.

인도네시아는 나라의 크기에서부터 주변 작은 국가들에 영향을 줄 수밖에 없는 동남아 대국이다. 그리고 냉전 시절부터 동남아시아의 지역협력을 주도했던 나라이기도 하다. ASEAN이 여타 다른 작은 지역 협력체와 달리 소리 없이 사라지지 않고 지금까지 지탱하며 정치적 공간을 확장해나갈 수 있었던 것도 회원국 중 가장 큰 나라인 인도네시아의 역할이 컸다. 그런 까닭에 ASEAN이나 동남아 국제관계를 이해하기 위해서라도 인도네시아의 외교 원칙은 국제사회에서 늘 주목을 받았다. 또한 인도네시아의 외교 원칙과 방향은 경제로는 대국이지만 외교에서는 큰 나라 틈에 샌드위치처럼 끼어서 힘을 제대로 쓰지 못하는 우리나라에도 통찰을 제공해왔다.

'Bebas dan Aktif':
가치를 실천하는 방식의 다양성

하지만 인도네시아 정치체제와 리더십이 바뀌면서 이 원칙에 대한 해석도, 이 원칙을 실천하는 방향도 끊임없이 변해왔다. 특히 외교는 그 나라가 직면한 국내 정치 사회적 지형과 국제질서의 변화를 직접적으로 반영하기 때문에 그 내용의 결, 그리고 성격은 계속 변해왔다. 외세의 영향력에서 자유롭고자 했지만, 이 나라 엘리트들의 외교적 결정이 늘 중립적이고 독립적이었다고 말하긴 힘들다. 정권이 처한 상황과 필요에 따라 외세 가운데 어느 한편에 편승하기도 하고, 민주화 이후에는 역외 주요 국들과 역내 국가들의 교류를 통해 상호 영향력을 키우는 데 앞장서기도 했다.

　독립 직후 수카르노를 위시한 민족주의자들이 정권을 잡을 당시, 이들의 '독립적인 행동 외교'는 주로 국제관계 내 제국주의적 유산을 반대하는 데 집중했다. 이들은 세계대전 이후 미국이나 예전 제국주의 세력이 국가건설 과정에 지나치게 간섭하지 못하게 하는 데 외교력을 집중했다. 인도네시아는 인도, 유고슬라비아, 이집트와 함께 1961년 비동맹운동을 주도했던 나라이기도 하다. 이는 미국과 소련 양 진영 어디에도 공식적으로 속하지 않고 자율적으로 국제무대에서 행동반경을 넓히기 위한 정책이었다. 하지만 정권의 비동맹운동과 민족주의적 열망은 오히려 중국 공산당 정권과의 외교적 거리를 가깝게 했다. 이를 두고 인도네시아의 '독립적' 외교 원칙을 위반했다는 반대 세력의 비판에 휘말리기도 했다.

　군사 쿠데타를 통해 수하르토가 정권을 잡으면서, 반제국주의, 민족주의적 외교 비전은 반공산주의로 대체된다. 특히 국내외 공산주의 세력으로부터 국가를 보호한다는 명분으로, 군이 본격적으로 외교에도 제도적으로 관여하기 시작했다. 1966년부터 군은 외교부 내 사회주의적 성향의 관료들을 숙청하고 핵심 요직을 차지하며 외교 전반에 영향력을 행사했다. '독립적인 행동 외교'의 명목적 기치는 이전 정권의 것을 물려받았지만, 실제 군사안보 분야에서는 친서방적 정책을 취했다. 그러나 군사적으로는 서방에 기울면서도, 이웃 나라들과의 협력관계에 공을 들이며 신생국으로서 외교 반경을 넓히고자 했다. 1967년 동남아시아의 5개국은 영토 및 외교분쟁을 잠시 접어두고 ASEAN을 만들게 되는데, 인도네시아가 주변의 작은 이웃국가들에 안보 위협이 될 만한 행동은 자제하면서 이 과정을 주도했던 까닭도 여기에 있다. 물론 국가건설 과정에서 공산주의 세력을 배제하기 위한 외교 수단으로 ASEAN을 활용했지만 말이다.

1990년대 말 금융위기를 거쳐 30년 수하르토 체제가 종식되면서, 인도네시아의 외교 비전 역시 또 한번 재편되기 시작했다. 역시 '독립적인 행동 외교'의 전통은 명맥을 그대로 유지했으나, 이를 구성하는 가치와 정책은 달라졌다. 특히 국내의 정치적 개혁(reformasi)에 걸맞게 외교 무대에서도 본격적으로 자유주의와 민주주의 가치를 수호하고 확산하는 역할에 주목했다. 특히 ASEAN을 개혁하고 ASEAN을 넘어 전 세계 무대에서 인도네시아의 역할을 강조했다. ASEAN이 2000년대 초반 인권 기구를 설치하고, 자유와 민주주의 가치를 담은 ASEAN 헌장을 만들고, ASEAN 공동체 건설 계획을 선언한 일련의 과정 뒤에는 인도네시아의 주도적 역할이 있었다. 1998년 금융위기로 훼손된 경제 상황을 서둘러 개선하려면 국제사회와 외국 기업의 신뢰 회복이 필요했던 만큼, 이들이 기대하는 민주적이고 투

국기를 들고 포즈를 취하는 인도네시아 어린이들. Pixabay.com 제공.

명한 거버넌스를 실천하는 국가로 인도네시아를 다시 브랜딩
하고자 했을 것이다. 이 시절 인도네시아의 '독립적인 행동 외
교'는 국내 정치사회의 변화를 투영하기도 하지만, 동시에 전
세계에서 세 번째로 큰 민주주의 국가라는 국제사회의 기대를
반영한 결과물이라고도 볼 수 있다.

　이와 더불어, 수실로 밤방 유도요노(SBY) 정권 이후 인도네
시아의 외교 변화 뒤에는 미국 패권 질서의 상대적인 약화와 중
국의 부상이라는 변화가 자리한다. 당시에는 국내 개혁 과제로
서뿐 아니라 신생 민주주의 대국이라는 대외 이미지를 강화하
는 목적으로서라도 민주주의와 다원주의를 지지하고 전파하는
중견국(middle power) 역할론이 계속 강조되고 있었다. 하지만 중
국의 대외적 영향력이 가시적으로 커지면서 이를 적절히 견제

하며 외교의 자율성을 얻고자 하는 목표 역시 중요해졌다. SBY 정부는 "친구는 만들지만 적은 만들지 않는다"는 기치 아래 다자적 메커니즘을 강화했다. 즉, 모든 주변국을 다자 외교협의체에 몰아놓고 이들이 보는 앞에서 미국과 중국이 선의의 경쟁을 할 수 있게 관리하고 동남아 내 미중 관계 교통정리를 도와주겠다는 내용이었다. 그러나 모든 주변국과 친구가 되면 동시에 모두로부터 주목을 받고 이들의 충고를 무시할 수 없다는 점에서 SBY의 '독립적인 행동 외교'는 양날의 검이었다.

한편, 2022년 현재의 조코위 정부는 국제적인 네트워크를 강화하는 데 자원을 쓰는 대신 국민들의 삶에 실제로 혜택을 제공하고 손해를 줄이는 실용성을 외교에서 강조하고 있다. 그런 탓에, 현재 인도네시아 외교 엘리트들은 '미중 관계를 어떻게 개선시킬까'와 같은 어려운 문제를 고민하는 대신 '강대국 관계 변화로 인도네시아가 얻을 수 있는 실리가 무엇일까'를 고민하

2014년 한-ASEAN 특별정상회의 차 부산을 방문한 조코위 인도네시아 대통령이 산림장관회의에서 연설하고 있다. ⓒ 배기현

키워드 동남아

는 외교를 강조하고 있다. 조코위 정권에서도 원칙적으로는 독립적인 균형 외교를 강조하고 있다. 하지만 외교를 국내 정치와 조금 더 직접적으로 연결시키다 보니, 중국이나 주변국에서 일회성 또는 단기적으로 제공되는 통 큰 투자와 개발 기회의 무게와 더불어, 전통적으로 인도네시아가 고수해온 대외적 자율성이라는 가치의 무게를 계속해서 저울질해야 하는 상황이다.

외교 가치와
이익의 변이성

여러 번의 정치적 격변이 있었지만 '독립적인 행동 외교'는 여전히 인도네시아 대외관계의 핵심적인 지향을 드러내는 중요한 가치로 회자되고 있다. 국제질서의 변화와 강대국 관계에 대한 고민은 시대와 상관없이 모든 엘리트에게 공통되게 주어졌다. 하지만 이들이 그 원칙을 해석하고 실천에 옮기는 방식은 역사적 시기마다 다르게 구성되는 핵심 국익과 목표를 다채롭게 반영했다. 시대를 관통하는 명목적 가치보다 더 중요한 건 그 가치를 재구성하는 사람들이라는 점은 외교의 영역에서도 다를 바 없는 듯하다.

배기현

다자외교*

28.
ASEAN의 외교양식과 교훈

앞에서 싱가포르와 인도네시아 행동 외교 양식의 일면을 살펴
보았다면, 이번에는 동남아시아 국가들이 외교 무대에서 집단
적으로 움직일 때 보이는 행태적 특징에 대해 이야기해보려 한
다. 동남아시아 지역이야말로 국가와 인종과 문화와 종교의 다
양성이 상수인 공간이다. 국가 간 관계에서도 각 공동체의 역사
적 경험 차이는 서로 다른 국익과 선호를 만들어 냈다. 그럼에도
대부분의 동남아시아 국가들을 묶어내는 공동의 가치도 몇 가
지 존재한다. 그리고 그 가치들은 공동의 이익과 외교 양식, 기
대를 만들어 냈다. 특히 우리가 익히 들어 알고 있는 동남아시아
국가연합, 즉 ASEAN은 이러한 공동의 기대와 그에 따른 외교
적 특징을 엿볼 수 있는 공간이기도 하다.

---

* 이 글은 웹진 서강동연 2021년 11호에 수록된 바 있습니다.

자카르타에 있는 ASEAN 사무국 본부 로비. ASEAN 회원국 깃발과 더불어 대화상대국 깃발이 함께 놓여 있다. ⓒ 배기현

여러 개의
태양과 항해의 자유

우선, ASEAN 국가들은 되도록 많은 주변국을 자신들이 주최하는 외교의 장으로 초대하는 데 주저하지 않는다. 이는 앞 꼭지에서 다룬 싱가포르와 인도네시아의 외교 양식에서 나타나는 특징이기도 한데, 미얀마와 같이 오랫동안 고립 외교를 고수했던 나라들뿐 아니라 여타 회원국들 역시 외부인의 출입에 별다른 반감을 표출하지는 않는다. 적어도 ASEAN 수준에서는 말이다.

"태양이 여러 개일 때야말로 작은 행성들은 항해의 자유를 더 확보할 수 있다." 싱가포르의 전설적인 외교가였던 라자라트남 장관의 명언이다. 이 철학은 실제 ASEAN 외교의 핵심적인 축으로 자리 잡았다. 특히 냉전이 끝나고 1990년대 이후부터 본격적으로 외교 무대에 적용되는 원칙이다. 당시에는 소련이 사라지면서 이념적인 소모전을 끝낼 수 있을 것이라는 기대도 있었지만, 소련이라는 적이 사라진 미국이 유일한 강대국으로 군림할지도 모른다는 두려움도 커질 때였다. 동남아시아 지도자들은 거대한 패권의 일방적 그늘에서 벗어나기 위해 미국과 1 대 1로 직접 상대하기보다 외부의 영향력 있는 주요 국가들을 더 끌어들여 대화의 축을 분산시키고자 했다. 현재 ASEAN이 동아시아 다자외교의 중심이 될 수 있었던 것도 이처럼 작은 행성들의 재량을 늘리고 싶었던 마음에서 출발했다고 볼 수 있다.

그러나 미국뿐 아니라 중국, 일본, 한국, 호주 등 여러 주변국 지도자들을 초대한 자리에서 ASEAN은 정작 중대한 법 혹은 규칙을 만들거나 다자적 협상을 타결하는 데 매달리지 않는다. ASEAN이 초대한 외교 무대에서는 수십 개의 정상 또는 각료급 회의가 매년 개최되지만, 실제 결과물들을 들여다보면 재탕과 반복과 레토릭투성이다. 회원국이 20개가 넘는 아세안 안보포럼(ARF)에서는 오히려 기존 회원국 사이의 외교 갈등이 표출되기도 하고, 미국과 중국은 서로 친한 국가들과 담합해 서로를 비난하기도 한다. 이런 국제 행사에서는 서로 잘해보자고 다짐하고 대화로 풀기 위한 외교의 장을 기대하기 마련이지만, ASEAN은 정작 호스트로서 적극적인 중재를 시도하거나 문제

해결에 앞장서지 않는다. 오히려 간섭을 최대한 자제하고 사교의 기회만을 제공하는 듯하다. 주변국들끼리 싸우든, 화해하든, 우리 집에서 하면 된다는 태도 같기도 하다. 해결되지 않더라도 괜찮다. 똑같은 포맷의 회의가 내년에 또 ASEAN 도시에서 개최되니, 하던 논의를 계속하면 된다. ASEAN의 대외 외교는 지역 거버넌스를 위한 구체적인 결과를 달성하는 데 목표를 두기보다, 여러 역외세력이 동시에 동남아 지역정세에 관여하길 유도하는 데 초점을 맞춘다. 그래야 어느 일방의 강대국이 지역을 좌지우지하지 못하기 때문이다.

권력보다는
권위

두 번째, 동남아시아 국가들은 위계적인 국제관계에서 리더 국가의 권위를 중요시한다. 리더 국가의 권위는 물리적 지배력이 아니라 그 리더십의 정당성에서 나온다. 즉, 리더를 따르는 추종 국가들의 적절한 동의에 기반한다. 국제질서는 법과 도덕의 기반이 약하기 때문에, 물리적 힘의 논리가 관계를 좌우하기 쉽다. 그런 까닭에 상대적으로 약한 국가들은 강국과의 관계에 적용될 수 있는 규범과 법을 만들어 자기를 보호하고 강자의 횡포를 막으려고 한다. 국제기구의 무용과 불능에 대한 회의적인 시각이 만연하지만, 그럼에도 중견국과 약소국들이 국제법을 만들고 국제기구를 작동케 하는 데 힘을 쏟는 이유이기도 하다.

식민지배에서 벗어나 새롭게 독립한 동남아시아 국가들 사이에서도 세력 불균형은 늘 서로를 경계하고 관계의 긴장을 만드는 원인이었다. 냉전 시기 미국, 소련, 중국 등 덩치 큰 국가 사이에서 살아남으려면 지역 내 국가들과 협력할 필요가 있다는 사실을 다들 인정하고 있었지만, 동남아시아 내에서도 상대적인 힘의 차이는 문제가 되었다. 예를 들어, 거대한 땅과 인구를 가진 인도네시아가 말레이시아나 싱가포르 지도자들에게는 견제 대상일 수밖에 없었다. 지역의 협력을 위해서는 이런 구조적인 긴장 관계를 누그러뜨리는 작업이 선행되어야 했다. 이때 인도네시아의 수하르토 대통령과 외교 관리들은 작은 이웃 국가들에 대한 자제(self-restraint) 외교를 채택했고, 이로부터 동남아시아에서도 역내 다자적 협의체의 역사가 시작된다. 인도네시아와 같이 큰 나라가 작은 나라와 외교를 할 때에는 작은 나라의 목소리를 듣고 이를 반영하겠다는 의지를 확인시켜주는 방식이었다. 즉, 일방적으로 군림하는 대신 작은 국가들의 의견을 존중하겠다는 시그널을 반복적으로 보냄으로써 동남아시아 국제관계에서 힘(power)보다 권위(authority)의 논리에 힘을 실어줄 수 있었다. 오늘날의 ASEAN 탄생에는 이러한 배경이 있었다.

냉전이 끝나고 국제지형이 변해가는 동안, ASEAN은 외교의 외연을 확장해야 했고 권위의 논리 역시 확장시키고자 했다. 본격적으로 동남아 외부 주변국들을 초대하면서도, 이들과의 힘의 불균형이 가지는 위험성을 줄이기 위해 리더의 '권위'를 강조했다. 강대국의 입장에서 힘에 의존한 일방적 리더십은 장기적으로 불리하며, 힘이 강해진다고 저절로 리더가 될 수 없다는 걸 주지시키기 위해 ASEAN 기구를 키워 협상에 밀리지 않고자 했다. 작은 나라를 무시하거나 자제하지 않는 강대국을 직접적으로 응징할 역량이 없다 해도, 상황을 체념하며 받아들이는 소극적인 모습과는 거리가 멀다.

동아시아 지역 질서 규칙은
우리도 만든다

세 번째 특징이라면, 동남아시아 국가들은 특정한 주제에서 문제 해결을 추구하는 기능적 협력 대신 외교 관계의 큰 틀을 구성하는 규범과 원칙을 만드는 데 주력한다는 점이다. 외교 역량과 자원에 제한적인 중견국과 약소국들은 많은 경우 자국의 강점을 활용해 특정 주제에 기여하는 틈새 외교를 추구한다. 우리나라도 마찬가지다. 그러나 ASEAN이라는 연합체로서 동남아시아 국가들은 좀 다르다. 앞에서 언급한 특징들과 연결해본다면 쉽게 이해되기도 한다. 위에서 언급했듯이 동남아시아는 외부 강대국들을 다자외교의 장으로 적극 초대하고 있으며, 이들과의 협상은 ASEAN 외교의 핵심 과제가 되어가고 있다. 이런 상황에서 지역 고유의 규범과 규칙은 강대국의 일방주의를 견제할 수 있다. 이 구역의 행동 규범이 이미 강하게 자리 잡고 있다면, 경제력과 군사력에 기대어 독단적으로 행동하려 하는 외세의 출현을 적절히 막아내는 장치가 될 수 있기 때문이다.

여기서 동남아시아의 대표적인 외교 양식으로 'ASEAN 방식(ASEAN Way)'을 떠올리는 사람들도 있을 것이다. ASEAN 방식은 동남아 국가들 사이의 운영 규범이기도 하지만, 이 동네를 방문하는 외부 세력들에게 행동 매뉴얼로 요구하는 지침이기도 하다. 내용은 간단하다. 작은 나라든 큰 나라든, 동남아시아에 오면 다수결이나 가중투표가 아닌 합의와 상의에 기반해 결과를 도출하고, 법적인 강제성보다 점진적이고 느린 외교 방식을 따르라는 것이다. 타국 내정간섭을 강하게 금지하고 주권을 수호해야 한다는 조항도 외교 문화 깊숙이 자리 잡고 있다. 사실 주권이나 내정간섭 원칙은 유럽의 30년 전쟁을 종결하며 체결한 베스트팔렌 조약 이후 근대 외교의 근간이기에, 이 지역의 독특한 외교 문화라고 볼 수는 없다. 다만, 동남아시아 국가들은 글로벌 수준에서 이들 규범이 조금씩 쇠퇴하고 있는 상황에서 예외를 남기고 싶어 한다. 힘 있는 외부 세력을 그들 구역에 계속 초대하고 이들의 권위를 시험할 수 있으려면, ASEAN 회원국 모두가 힘을 합해 강하게 지지할 수 있는 규범적 토대가 필요하다. 그런 까닭에, 이들은 역내 규범을 설파하고 강화하는 데 외교 에너지를 집중한다. 시간이 지남에 따라 ASEAN 방

2019년 부산에서 개최된 한-ASEAN 특별정상회의의 환영 만찬. 한국 정부는 외교적 운신의 폭을 넓히고자 ASEAN과의 협력에 공을 들이고 있다. ⓒ 이한우

식이 느린 합의를 고수하고 강제력이 약한 탓에 개혁을 방해한다는 비판이 안팎에서 커지고 있는 상황이다. 동남아 지도자들이 이런 지역 규칙의 한계를 정확히 알고 있음에도 쉽사리 벗어나지 못하는 이유는 결국 물리력이 좌우하는 국제정치에서 국가 자율성과 정치적 생존을 가장 우선시해야 한다는 판단 때문일 터이다.

동남아 10개 국가가 ASEAN에 가입하고 ASEAN 외교에 공을 들이는 데는 여러 이유가 있을 것이다. 그러나 그중에서도 위에서 논한 대외적 외교력, 특히 강대국과의 관계에서 유리한 지역 질서를 형성하고 주체성을 잃지 않고 싶어 하는 바람은 가장 뚜렷한 공동의 목표라고 볼 수 있다. 그 목표를 위해서라도 ASEAN은 더 단결하고 강해져야 한다. 그래야 주변 강대국들이 이들의 초대를 계속 반기고 이들의 목소리를 무시하지 못할 테니 말이다. 그런 점에서 2021년 미얀마의 위기는 ASEAN의 위기이기도 하다. ASEAN이 역내 질서를 유지하고 사회적 발전에 기여하는 모습을 선제적으로 보여주지 못한다면, 이들이 바라던 국제사회와 자본의 관심은 흔들릴 수밖에 없고 이들이 주창하는 중소국의 자율적이고 능동적인 역할론에 대한 냉소는 또 한번 커질지 모른다. 아이러니하게도 ASEAN 방식이 작동하며 강대국이 함부로 굴지 못하는 동남아를 만들기 위해서 ASEAN 국가들 사이의 외교 방식에 대단한 변화가 필요할지도 모르겠다.

배기현

키워드 동남아

키워드 동남아

ⓒ 강희정·김종호 외, 2022

초판 1쇄 발행 2022년 8월 19일
초판 3쇄 발행 2024년 1월 26일

지은이 강희정 김종호 배기현 이한우 정정훈 현시내
펴낸이 이상훈
인문사회팀 김경훈 최진우
마케팅 김한성 조재성 박신영 김효진 김애린 오민정

펴낸곳 (주)한겨레엔 www.hanibook.co.kr
등록 2006년 1월 4일 제313-2006-00003호
주소 서울시 마포구 창전로 70 (신수동) 화수목빌딩 5층
전화 02) 6383-1602~3 **팩스** 02) 6383-1610
대표메일 book@hanien.co.kr

ISBN 979-11-6040-862-1 03910

* 이 저서는 2019년 대한민국 교육부와 한국연구재단의 지원을 받아 수행된 연구임(NRF-2019S1A5C2A01080959).